同济博士论丛
TONGJI Dissertation Series
总主编 伍 江 副总主编 雷星晖

郭 英 陈飞翔 著

人力资本影响FDI技术转移效应的作用机理研究

The Impact of Human Capital on Technology Transfer from FDI in China

同济大学出版社
TONGJI UNIVERSITY PRESS

内 容 提 要

本书在实证研究的基础上，从人力资本角度提出促进 FDI 技术转移效应实现的政策建议。全书包括了导言、人力资本与 FDI 技术转移效应的文献述评、分析框架、总体分析、地区比较、行业分析、个案研究、政策建议和结论与展望九个部分。

本书可供各类企业及管理部门不同层次的管理者参考，同时也适用于技术经济及管理和对该领域感兴趣的专家学者。

图书在版编目(CIP)数据

人力资本影响 FDI 技术转移效应的作用机理研究 / 郭英，陈飞翔著. —上海：同济大学出版社，2018. 12

(同济博士论丛/伍江总主编)

ISBN 978 - 7 - 5608 - 6823 - 3

Ⅰ. ①人… Ⅱ. ①郭… ②陈… Ⅲ. ①人力资本—影响—外商直接投资—技术转移—研究—中国 Ⅳ. ①F249. 2②F832. 6

中国版本图书馆 CIP 数据核字(2017)第 058227 号

人力资本影响 FDI 技术转移效应的作用机理研究

郭 英 陈飞翔 著

出 品 人 华春荣 责任编辑 戴如月 卢元姗

责任校对 徐春莲 封面设计 陈益平

出版发行 同济大学出版社 www. tongjipress. com. cn

(地址：上海市四平路 1239 号 邮编：200092 电话：021 - 65985622)

经 销 全国各地新华书店

排版制作 南京展望文化发展有限公司

印 刷 浙江广育爱多印务有限公司

开 本 787 mm×1092 mm 1/16

印 张 12. 25

字 数 245 000

版 次 2018 年 12 月第 1 版 2018 年 12 月第 1 次印刷

书 号 ISBN 978 - 7 - 5608 - 6823 - 3

定 价 59. 00 元

“同济博士论丛”编写领导小组

“同济博士论丛”编辑委员会

总序

在同济大学110周年华诞之际，喜闻“同济博士论丛”将正式出版发行，倍感欣慰。记得在100周年校庆时，我曾以《百年同济，大学对社会的承诺》为题作了演讲，如今看到付梓的“同济博士论丛”，我想这就是大学对社会承诺的一种体现。这110部学术著作不仅包含了同济大学近10年100多位优秀博士研究生的学术科研成果，也展现了同济大学围绕国家战略开展学科建设、发展自我特色，向建设世界一流大学的目标迈出的坚实步伐。

坐落于东海之滨的同济大学，历经110年历史风云，承古续今、汇聚东西，秉持“与祖国同行、以科教济世”的理念，发扬自强不息、追求卓越的精神，在复兴中华的征程中同舟共济、砥砺前行，谱写了一幅幅辉煌壮美的篇章。创校至今，同济大学培养了数十万工作在祖国各条战线上的人才，包括人们常提到的贝时璋、李国豪、裘法祖、吴孟超等一批著名教授。正是这些专家学者培养了一代又一代的博士研究生，薪火相传，将同济大学的科学研究和学科建设一步步推向高峰。

大学有其社会责任，她的社会责任就是融入国家的创新体系之中，成为国家创新战略的实践者。党的十八大以来，以习近平同志为核心的党中央高度重视科技创新，对实施创新驱动发展战略作出一系列重大决策部署。党的十八届五中全会把创新发展作为五大发展理念之首，强调创新是引领发展的第一动力，要求充分发挥科技创新在全面创新中的引领作用。要把创新驱动发展作为国家的优先战略，以科技创新为核心带动全面创新，以体制机制改革激发创新活力，以高效率的创新体系支撑高水平的创新型国家建设。作为人才培养和科技创新的重要平台，大学是国家创新体系的重要组成部分。同济大学理当围绕国家战略目标的实现，作出更大的贡献。

大学的根本任务是培养人才，同济大学走出了一条特色鲜明的道路。无论是本科教育、研究生教育，还是这些年摸索总结出的导师制、人才培养特区，"卓越人才培养"的做法取得了很好的成绩。聚焦创新驱动转型发展战略，同济大学推进科研管理体系改革和重大科研基地平台建设。以贯穿人才培养全过程的一流创新创业教育助力创新驱动发展战略，实现创新创业教育的全覆盖，培养具有一流创新力、组织力和行动力的卓越人才。"同济博士论丛"的出版不仅是对同济大学人才培养成果的集中展示，更将进一步推动同济大学围绕国家战略开展学科建设、发展自我特色、明确大学定位、培养创新人才。

面对新形势、新任务、新挑战，我们必须增强忧患意识，扎根中国大地，朝着建设世界一流大学的目标，深化改革，勠力前行！

万　钢

2017 年 5 月

论丛前言

承古续今，汇聚东西，百年同济秉持"与祖国同行、以科教济世"的理念，注重人才培养、科学研究、社会服务、文化传承创新和国际合作交流，自强不息，追求卓越。特别是近20年来，同济大学坚持把论文写在祖国的大地上，各学科都培养了一大批博士优秀人才，发表了数以千计的学术研究论文。这些论文不但反映了同济大学培养人才能力和学术研究的水平，而且也促进了学科的发展和国家的建设。多年来，我一直希望能有机会将我们同济大学的优秀博士论文集中整理，分类出版，让更多的读者获得分享。值此同济大学110周年校庆之际，在学校的支持下，"同济博士论丛"得以顺利出版。

"同济博士论丛"的出版组织工作启动于2016年9月，计划在同济大学110周年校庆之际出版110部同济大学的优秀博士论文。我们在数千篇博士论文中，聚焦于2005—2016年十多年间的优秀博士学位论文430余篇，经各院系征询，导师和博士积极响应并同意，遴选出近170篇，涵盖了同济的大部分学科：土木工程、城乡规划学(含建筑、风景园林)、海洋科学、交通运输工程、车辆工程、环境科学与工程、数学、材料工程、测绘科学与工程、机械工程、计算机科学与技术、医学、工程管理、哲学等。作为"同济博士论丛"出版工程的开端，在校庆之际首批集中出版110余部，其余也将陆续出版。

博士学位论文是反映博士研究生培养质量的重要方面。同济大学一直将立德树人作为根本任务，把培养高素质人才摆在首位，认真探索全面提高博士研究生质量的有效途径和机制。因此，"同济博士论丛"的出版集中展示同济大学博士研究生培养与科研成果，体现对同济大学学术文化的传承。

"同济博士论丛"作为重要的科研文献资源，系统、全面、具体地反映了同济大学各学科专业前沿领域的科研成果和发展状况。它的出版是扩大传播同济科研成果和学术影响力的重要途径。博士论文的研究对象中不少是"国家自然科学基金"等科研基金资助的项目，具有明确的创新性和学术性，具有极高的学术价值，对我国的经济、文化、社会发展具有一定的理论和实践指导意义。

"同济博士论丛"的出版，将会调动同济广大科研人员的积极性，促进多学科学术交流、加速人才的发掘和人才的成长，有助于提高同济在国内外的竞争力，为实现同济大学扎根中国大地，建设世界一流大学的目标愿景做好基础性工作。

虽然同济已经发展成为一所特色鲜明、具有国际影响力的综合性、研究型大学，但与世界一流大学之间仍然存在着一定差距。"同济博士论丛"所反映的学术水平需要不断提高，同时在很短的时间内编辑出版 110 余部著作，必然存在一些不足之处，恳请广大学者，特别是有关专家提出批评，为提高同济人才培养质量和同济的学科建设提供宝贵意见。

最后感谢研究生院、出版社以及各院系的协作与支持。希望"同济博士论丛"能持续出版，并借助新媒体以电子书、知识库等多种方式呈现，以期成为展现同济学术成果、服务社会的一个可持续的出版品牌。为继续扎根中国大地，培育卓越英才，建设世界一流大学服务。

伍　江

2017 年 5 月

前　言

外商直接投资(FDI,Foreign Direct Investment)作为集技术、资金、管理于一体的创造性资源,是发展中国家吸收国际先进技术的主要途径。大量流入的外资在改变我国经济增长方式、提高经济增长质量方面起了重要作用。我国吸收外资的主要目的就是吸收国际技术转移。FDI技术转移效应的实现是个很复杂的过程,技术转移效应并不是自动产生的,这个过程受很多因素影响。在我国引进和利用国际技术扩散效应的问题上,最重要的是如何有效吸收FDI的技术转移效应。本书认为人力资本是影响技术转移效应的至关重要的因素。本书以人力资本和外商直接投资技术转移效应的内在关系作为研究课题,通过构建技术输入模型和技术外溢模型,以我国整体样本、区域样本、行业样本以及广东省的具体案例作为分析对象,对我国人力资本如何影响FDI技术转移效应大致形成了较为专门的研究。

在给定的计量经济模型框架内,本书得出了以下研究结果:(1) 人力资本的确影响技术转移效应。我国的人力资本水平对技术输入效应作用明显,但对技术外溢效应的作用不明显。(2) 细分人力资本变量的话,我国高中教育程度的人力资本促进了FDI技术输入的整体效应,而初中教育程度的人力资本促进了FDI技术外溢的整体效应。区域样本显示，东部地区的高中教育促进了技术输入效应，初中教育促进了技术外溢效应。而中西部地区，初中教育促进了技术输入效应，小学教育促进了技术外溢效应。(3) 广东省的个案分析也证明了人力资本的确影响外商直接投资技术转移效应的实现。研究同时发现广东省人才回流产生的技术转移效应并不明显。

在实证研究的基础上，本书从人力资本角度提出促进FDI技术转移效应实现的政策建议：依靠教育提升我国人力资本的总体水平；利用外商直接投资对我国人力资本的开发效应；吸收资本和技术偏向型的外商直接投资；鼓励跨国公司在我国的研发活动、培训活动；创造更优化的条件，促进人才回流，吸引海外人才回国就业和创业。

目　录

总序
论丛前言
前言

第 1 章　导言 …… 1
1.1　研究背景及动因 …… 1
1.2　选题依据和背景情况 …… 4
1.3　有关概念的说明 …… 7

第 2 章　人力资本与 FDI 技术转移效应：文献述评 …… 10
2.1　人力资本是影响 FDI 技术转移效应的重要因素 …… 10
2.2　人力资本是影响 FDI 技术转移效应的作用途径 …… 14
2.2.1　人力资本是影响 FDI 规模和质量的决定因素 …… 17
2.2.2　人力资本是 FDI 技术转移的重要渠道 …… 17
2.2.3　人力资本是吸收能力的核心因素 …… 19
2.3　人力资本影响 FDI 技术转移效应的实证研究 …… 20
2.3.1　研究方法 …… 20
2.3.2　实证结果 …… 26
2.3.3　相关政策建议 …… 29

2.4　前人研究成果的总结和评价…………………………… 30

第3章　人力资本与FDI技术转移效应：分析框架……………… 33
3.1　技术转移效应的发生机制………………………………… 34
3.1.1　中国经济增长方式的转变 ……………………… 34
3.1.2　技术转移效应的内涵 …………………………… 36
3.1.3　人力资本与技术转移的传导机制 ……………… 43
3.2　分析模型……………………………………………………… 47
3.2.1　跨国公司对华技术转移的现状 ………………… 47
3.2.2　分析模型 ………………………………………… 50
3.3　分析方法及研究数据来源………………………………… 54
3.4　本章小结……………………………………………………… 56

第4章　人力资本影响FDI技术转移效应的总体分析 ………… 58
4.1　外商对华直接投资的现状及趋势分析…………………… 59
4.1.1　我国利用外商直接投资的概况 ………………… 59
4.1.2　外商直接投资对我国经济增长的贡献 ………… 61
4.1.3　外商对华投资的趋势 …………………………… 64
4.2　技术输入整体效应的计量………………………………… 65
4.2.1　计量模型和数据来源 …………………………… 65
4.2.2　计量结果及分析 ………………………………… 68
4.3　技术外溢整体效应的计量………………………………… 71
4.3.1　计量模型和数据来源 …………………………… 71
4.3.2　计量结果及分析 ………………………………… 72
4.4　本章小结……………………………………………………… 80

第5章　人力资本影响FDI技术转移效应的地区比较 ………… 82
5.1　外商对华投资的区位分布………………………………… 83
5.1.1　外商直接投资区域分布的概况 ………………… 83

5.1.2 FDI对不同区域经济增长的影响 …… 85
5.2 东部地区数据的计量分析 …… 87
5.2.1 技术输入模型的计量 …… 87
5.2.2 技术外溢模型的计量 …… 89
5.3 中西部数据的计量分析 …… 94
5.3.1 技术输入模型的计量 …… 94
5.3.2 技术外溢模型的计量 …… 97
5.4 本章小结 …… 101

第6章 人力资本影响FDI技术转移效应的行业分析 …… 103
6.1 外商对华投资的行业分布 …… 104
6.1.1 外商直接投资行业分布的概况 …… 104
6.1.2 外商投资企业对我国工业产出的贡献 …… 105
6.1.3 外商直接投资和我国工业企业的产业结构升级 …… 107
6.2 中国工业行业数据的计量分析 …… 109
6.2.1 计量模型和数据来源 …… 109
6.2.2 计量结果及分析 …… 111
6.3 高新技术产业数据的计量分析 …… 114
6.3.1 外商直接投资与我国高新技术产业发展 …… 114
6.3.2 计量结果及分析 …… 117
6.4 本章小结 …… 119

第7章 广东省人力资本影响FDI技术转移效应的个案研究 …… 121
7.1 广东省外商对华投资的现状 …… 122
7.1.1 广东省利用外商直接投资的概况 …… 122
7.1.2 外商直接投资对广东省经济增长的贡献 …… 123
7.2 分析模型的建立 …… 126
7.2.1 计量模型的设立 …… 127

7.2.2 数据说明 …… 129
7.3 实证结果及分析 …… 130
7.3.1 总体回归结果 …… 130
7.3.2 样本分组的回归结果 …… 131
7.4 本章小结 …… 138

第8章 促进FDI技术转移效应的政策建议——从人力资本角度的思考 …… 140
8.1 人力资本与外资效率的提升 …… 141
8.2 外商直接投资与发展中国家的人力资本发展 …… 143
8.2.1 外商直接投资与东道国的正规教育 …… 144
8.2.2 外商直接投资与东道国的在职培训 …… 146
8.3 相关政策建议 …… 148
8.3.1 加大教育投入,调整分配方向和结构 …… 148
8.3.2 吸引有利于我国人力资本发展的外商直接投资 …… 151
8.3.3 鼓励跨国公司在我国开展培训活动 …… 153
8.3.4 最大化吸收跨国公司的培训外溢效应 …… 154
8.3.5 引进海外人才,提高人力资本水平 …… 156
8.4 本章小结 …… 157

第9章 结论与展望 …… 159
9.1 研究的主要结论 …… 159
9.2 研究的不足与展望 …… 163

参考文献 …… 165

后记 …… 178

第1章 导言

1.1 研究背景及动因

20 世纪 70 年代以来，特别是随着 90 年代以来经济全球化趋势的加快，引进外资具有资本形成效应、技术转移效应、产业升级效应、贸易创造效应和就业效应的观点已经逐渐成为人们普遍的共识。国际经验早已经表明，引进外资对于一国经济发展，特别是发展中国家的经济发展具有多方面的重要意义，甚至成为经济起飞和持续增长的主要推动力量之一。

对于发展中国家来说，利用外资的最直接作用就是可以增加东道国的投资数量。在传统的跨国投资理论中，对发展中国家利用外资必要性的表述就集中在“两缺口”模型，即引进外资可以弥补发展中国家的储蓄缺口和外汇缺口，促进发展中国家的经济增长。我国在 1993 年就成为发展中国家中吸收外商直接投资最多的国家，截至 2005 年 1 月底，全国累计批准设立外商投资企业 512 504 个，合同外资金额 11 094.45 亿美元，实际使用外资金额 5 661.96 亿美元①。巨大的外资流入改善了我国

① 中华人民共和国商务部利用外资统计，www.mofcom.gov.cn。

经济发展中的资金短缺约束。

20世纪90年代后半期开始，中国国内资金短缺的状况逐步改善，银行连续数年出现了较大数额的存差，外汇储备也居高不下。国内大部分产业的生产能力已经过剩，资金总量缺口已经不再明显。这种情况产生了两个必然的疑问：内资能不能替代外资？既然国内储蓄能力较强，国内资金已经不再短缺，为什么还要持续较大数额的利用外资？对这两个问题的思考就引发了对FDI的技术转移效应的研究。

在国内资金短缺问题缓解后，利用外资的重要性讨论逐渐转向与FDI相伴而行的国际技术转移。在技术进步内生增长理论的影响下，越来越多的国家开始重视技术在一国经济发展中的重要作用。对于发展中国家来说，由于受自身创新能力的限制，吸引和利用国际技术扩散效应成为其技术进步与经济增长的主导因素之一。在经济全球化的今天，发达国家的外商直接投资(FDI)不仅改善了东道国经济发展中的资金短缺约束，更为重要的是，FDI能内生技术溢出和技术进步，使东道国的技术水平、组织效率不断提高，从而提高国民经济的劳动生产率。我国作为发展中国家中的第一大外商直接接受国，外商直接投资带来了技术转移的巨大潜力，但FDI的技术转移效应不是自动实现的，技术转移效应受东道国的吸收能力影响，因此研究如何提高吸收消化跨国公司技术转移的能力，促使我国的产业结构从劳动密集型向资本技术密集型转变，成为现阶段的重要工作。

与FDI相伴而行而行的跨国公司的技术转移效果一直是近年来实证研究的焦点。但实证中对FDI技术转移的效果测度却产生了很大的分歧。这个结果进而引发了技术转移第二层次的研究，即技术转移影响因素的研究，正是由于东道国不同的特性导致了吸收能力不同，使得技术转移效果不同。FDI技术转移效应是东道国从外商直接投资中得到长期增长效应的基础，研究促进 FDI 技术转移效应最终要落脚于如何提高东道国的吸收能力上。

国外的一些实证研究证实，跨国公司的技术转移不会自动地提高东道国的劳动生产率，技术转移的效果是与当地企业吸纳能力相联系的。要突破“门槛水平”(threshold level)，关键是找到影响 FDI 技术转移效应的至关重要的因素。跨国公司的技术转移受很多因素制约，如东道国的技术水平、人力资本水平、经济开放度、东道国市场体制、东道国的金融市场效率等。在这些因素中，本书认为人力资本是至关重要的因素。人是一切财富首要和最终的源泉。随着经济一体化和知识经济的到来，在发展中国家寻求新的经济增长方式，缩减与发达国家的收入水平差距时，人力资本成了关键条件。

国内外的相关研究广泛地揭示出，人力资本不仅仅影响一国内部经济增长，同时也和外部经济交往比如外商直接投资(FDI)、技术转移等之间存在良性循环关系。对于发展中国家来说，人力资本和外商直接投资都对驱动经济增长具有关键性的影响，两者是互为补充、相互促进的关系。较高的人力资本使得东道国的投资环境更具吸引力，从而扩大外资流入的规模。外资的大量流入带来了技术转移的潜力，在此过程中，人力资本影响 FDI 的技术转移效应，具体体现在人力资本影响东道国企业的吸收能力。外资的流入及外溢效应促进了东道国的人力资本发展，从而使得东道国的引资环境更有吸引力，对未来的外资流入又起了重要的推动作用。

因此，在考虑如何突破吸收能力“门槛水平”的时候，人力资本应当作为突破口。本书研究人力资本在我国 FDI 技术转移效应实现过程中的作用，在政策上提出如何通过改善我国的人力资本状况，促进外商直接投资在我国的技术转移进程，这对加速我国工业化进程和促进产业升级，具有显著的理论意义和现实意义。

1.2 选题依据和背景情况

在国际学术界，人力资本和外商直接投资作为经济增长的引擎，已经获得广泛认可。人力资本是否影响 FDI 技术转移效应也取得了大量的理论成果和实证研究成果。人力资本是技术扩散的必要条件。尼尔森和菲利普(1966)的研究表明，新技术扩散的范围和速度与一个国家的人力资本存量具有密切的关系。在其他条件一定的情况下，人力资本存量越大，技术扩散的范围就越广，扩散的速度就越快。实证研究方面，如 Borensztein，Gregorio 和 Lee(BGL，1995)和 Bin Xu(2000)从东道国实现 FDI 的技术外溢效应所必须达到的最低限度(以成年男性接受中学以上的教育年限为标准)进行研究，来确定最低的人力资本门槛水平。一些研究细化了人力资本变量，将人力资本细化为初级、中级和高级指标。如 Caselli and Coleman(2001)的研究发现，外商直接投资更多的是和中高级教育水平的劳动者结合一起发挥技术扩散效应。

国内文献从定性和定量两方面考察了我国对跨国公司技术转移的吸收能力。从定性研究看，国内的一些研究较全面的归纳了制约跨国公司的技术转移水平的因素。如杜兰英和周静(2002)分析了发展中东道国的人力资本水平、东道国企业的技术吸收能力和市场环境是发达国家在发展中国家的技术转移效应的制约因素。关于人力资本影响 FDI 技术外溢效应的定量研究，只是近几年才有所突破。如沈坤荣、耿强(2001)、赖明勇、包群和阳小晓(2002)等的研究开始选用高校人数比例、教育投入等作为人力资本变量，引入分析模型，说明对我国经济有增长效应的、能够带来技术扩散的 FDI 一般要求较高的人力资本存量。

相对而言，目前对于人力资本如何影响跨国公司在华技术转移效应的专门研究还处于初级阶段。无论是从理论上还是定量研究方面还是缺乏令人满意的系统性研究。从理论上人力资本影响 FDI 技术转移效应的作用机理到底是什么，体现在什么方面，是否能从技术转移效应发生的传导机制上进一步的分析？跨国公司的 R&D 机构已经成为跨国公司实施技术转移行为的主要载体，在研究技术转移效应时是否要考虑跨国公司的研发行为？定量分析模型中，如何选取反映技术转移效应的变量，人力资本变量如何细化等。

基于以上问题，本书的研究目的是：第一，理论上系统分析人力资本影响 FDI 技术转移效应的作用机理。第二，建立人力资本影响我国 FDI 技术转移效应实现的分析模型，对论题进行深入的探讨。第三，实证检验人力资本在我国 FDI 技术转移效应实现过程中的作用，力图检验 3 个问题。人力资本是否影响我国 FDI 技术转移效应？我国现有的人力资本水平是否促进了 FDI 的技术转移效应？细化人力资本指标的话，到底何种教育程度的人力资本促进了 FDI 的技术转移效应？第四，在实证研究的基础上，从人力资本角度提出加快我国 FDI 技术转移效应的相关政策建议。

因此，形成研究人力资本影响 FDI 技术转移效应作用机理的构架（见图 1－1）。

本书具体思路与内容如下：

第 1 章导论，主要说明研究背景及动因、研究思路和方法、章节安排和有关概念等。第 2 章是有关文献综述，主要包括 FDI 技术转移效应影响因素的概括、人力资本影响 FDI 技术转移效应的作用途径、实证中对 FDI 技术转移效应的研究方法和对人力资本的度量。第 3 章提出了人力资本影响 FDI 技术转移效应的分析框架。在现有的很多文献中，对于技术转移、技术扩散、技术转让、技术外溢、技术扩散这几个名词的概念比较混淆。第 3 章将确定本书所研究的技术转移的概念，结合外商

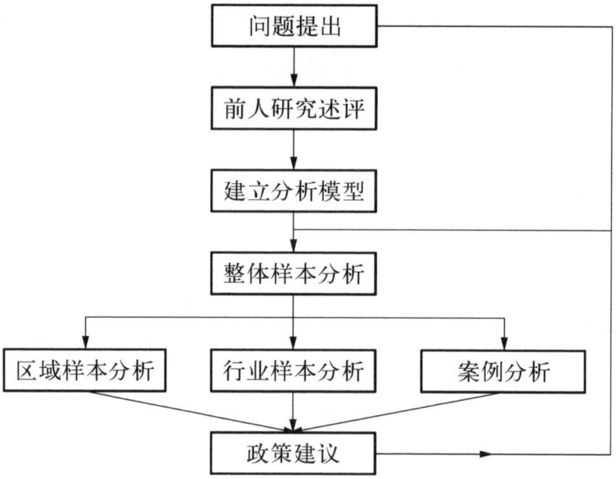

图1-1　人力资本影响FDI技术转移效应的研究框架

直接投资在我国技术转移的现状,提出人力资本影响FDI技术转移效应的分析框架。

从第4章开始,转入人力资本影响FDI技术转移效应的实证研究。国内对该论题的定量分析并未形成系统的专门研究。本书拟从整体样本、区域样本、行业样本、案例分析4个方面丰富目前文献。第4章用技术输入模型和技术外溢模型检验中国整体城市样本的情况。第5章将针对东、中、西部进行实证研究。第6章检验行业样本中人力资本如何影响FDI技术转移效应,特别会将高新技术产业作为分析对象。第7章选择广东省作为案例分析的对象。广东省是我国吸收外资较多的省份,在经济发展的过渡阶段,除了要继续保持外资规模以解决资金和就业问题外,还要考虑利用外资引进先进技术和管理,提高产业国际竞争力,因此可作为一个典型的案例来研究。

第8章是全文的落脚点。本章将在对整体样本、区域样本、行业样本、案例分析的基础上,分析人力资本对发展中国家的技术进步,对我国经济增长方式的重要意义。从人力资本角度探讨加快我国FDI技术转移效应的相关政策。最后一章将总结概括研究的主要结论和不足，对以后的研究工作进一步展望。

本研究可能的创新之处是：

1. 本书将系统地对人力资本影响我国 FDI 技术转移效应的作用机理进行专门性研究。从我国整体情况、行业情况、地区比较、案例研究出发，对该论题在中国的情况作一个比较全面的研究。选用时间跨度尽可能长的数据样本，开展整体分析和具体比较，从一般到具体，力图深化该论题的研究，以补充现有文献。

2. 本研究的定量研究模型由技术输入模型和技术外溢模型组成。技术输入模型以外资企业的 R&D 投入作为技术转移的指代变量，考察我国的人力资本是否影响外资企业的研发活动，即考察人力资本对 FDI 的技术转移效应是否有影响。技术外溢模型通过 FDI 与人力资本的联动效应来考察外资是不是和人力资本相结合对中国内资企业的劳动生产率产生正的显著的影响。

3. 在实证研究的基础上，对如何提高我国人力资本，加速 FDI 的技术转移效应提出政策建议。本书认为一国的人力资本发展，不仅仅可以依靠本国的力量，也可以充分利用外商直接投资对我国人力资本的发展效应，将紧紧围绕人力资本、FDI、技术转移效应的良性循环关系，通过三者间的内在联系，制定相应的政策实现良性循环。

1.3 有关概念的说明

概念是逻辑起点。在进入第 2 章之前，有必要将本书涉及的关键概念作一说明。

1. 外商直接投资（FDI）。在我国，外商直接投资和外国直接投资

(Foreign Direct Investment)的概念有所区别。外国直接投资是指由居住在一个经济体的企业对居住在另一个经济体的企业进行管理控制的投资,它反映一种投资者在某个外国的持久利益的长期关系(联合国,WIR2000)。从东道国的角度而言,一般称为外国直接投资;从投资国的角度考虑,则称为对外直接投资。我国的外商直接投资特指在中国大陆进行的外国直接投资。之所以用外商代替外国,是因为有关统计除外国直接投资外,还包括中国的台湾、香港和澳门地区在大陆的直接投资。这些投资参照执行我国的有关涉外法律法规,享受同外国投资者一样的优惠待遇。本书中的外商直接投资与外国直接投资、对外直接投资同义,均简称 FDI。按中国官方统计口径,外商直接投资指外国企业和经济组织、个人(包括华侨、港澳台胞以及我国在境外注册的企业)按我国有关政策、法规,用现汇、实物、技术等在我国境内开办外商独资企业,与我国境内的企业和经济组织共同举办中外合资企业、合作经营企业或合作开发资源的投资(包括外商投资收益的再投资)以及经政府有关部门批准的项目投资总额内,企业从境外借入的资金。考虑到建立三资企业占外商直接投资的绝对比重,本书所谓外商直接投资主要指建立三资企业。

2. 人力资本(Human Capital)。人力资本是指体现在劳动者身上,通过资本的投资转化,表现为劳动者的质量或其技术知识、工作能力的资本。人力资本和人力资源不同。一般来说,人力资源是指一定社会组织范围内人口总量中所具有的劳动能力的总和。而人力资本是指存在于人体之中,后天获得具有经济价值的知识、技术、能力和健康等质量因素之和或是指人们花费在人力保健、教育、培训等方面的开支所形成的资本。因此只有那些在投入到社会再生产过程中,并能够创造价值和取得经济社会效益的劳动人口才是人力资本。在经济增长中起作用的是人力资本,而不是人力资源。

3. 吸收能力(Absorptive Capacity)。“吸收能力”这个概念最早是由 Cohen 和 Levinthal(1989)在分析企业研发作用时提出。他们认为企业研发投入对其技术进步的影响表现在两方面：研发成果直接促进了技术进步；企业研发投入增强了企业对外来技术的吸收、学习和模仿能力，使得企业拥有更强的技术能力去吸收外部技术扩散。Cohen 和 Levinthal(1989，1990)讨论的是企业层次的吸收能力，后来 Dahalman 和 Nelson(1995)又定义了国家的吸收能力，即学习和使用发达国家已经存在的先进技术和有关实践的能力。发展中国家的生产率增长很大程度上依赖于国内各经济单位对现有技术或知识的获取及内生化。如果东道国不存在吸收能力的话，FDI 所带来的技术流入，将对东道国经济发展没有影响或影响极小(Narula，2004)。我国学者对吸收能力的概念和影响因素也进行了一定的研究。杨先明(2000)把能力概括为一种经济能力，由配置能力、协调能力和学习能力要素综合而形成。他给出的吸收能力的概念是：东道国引进外商直接投资，并从其资产中获取资本、技术、管理和市场手段之益的能力。赵果庆(2004)认为 FDI 吸收能力不仅包括对 FDI 技术的吸收，还应包括对跨国公司管理与组织系统的接收和融合，以及 FDI 知识与技术扩散能力。他在研究中国西部国际直接投资吸收能力时提出了区域 FDI 吸收能力的概念，认为区域 FDI 吸收能力(Regional Absorptive Capacity for FDI)指区域在整体上表现出的一种引进(attracting)、利用(utilizing)、扩散(spilling)FDI 的能力。区域 FDI 吸收能力主要表现是在宏观角度如地区区位、市场规模、发展水平和资源禀赋等方面对 FDI 整体的吸收能力。利用能力是从中观(产业)角度如地区产业技术、重合产业配套、产业出口等方面利用 FDI 技术的能力。扩散能力主要是在微观(企业和个人)角度如地区企业关联、信息交流、知识学习等把 FDI 知识传播到当地各行各业的能力。赵果庆又指出，FDI 引进能力是潜在的 FDI 吸收能力，利用和扩散能力才是现实的 FDI 吸收能力。

第2章

人力资本与FDI技术转移效应：文献述评

对于发展中国家来说，人力资本和外商直接投资都是驱动经济增长的关键因素，但两者不是相互独立，而是互为补充的。尼尔森和费尔普斯(Nelson and Phelps,1966)在《美国经济评论》上发表了《人力资本投资、技术转移和经济增长》的短文，文章就人力资本和技术转移问题提出一个国家引进和使用新技术的能力来自国内的人力资本存量。人力资本越高，往往技术进步的进程更明显。

FDI、人力资本、技术转移这三者之间的联系已经受到人们较为广泛的关注。在关于FDI技术转移效应影响因素的讨论中，人力资本发挥着不可忽视的作用，本章首先对此进行概述。第二节回顾人力资本影响FDI技术转移效应作用途径的相关理论。第三节对国内外文献中涉及的人力资本影响FDI技术转移效应的实证研究方法与研究结果作一总结。第四节在前三节的基础上评价现有文献的结论和研究的不足。

2.1 人力资本是影响FDI技术转移效应的重要因素

以MacDougall(1960)在20世纪60年代初第一次把技术的溢出效

应作为 FDI(Foreign Direct Investment)的一个重要现象为起始点，国内外文献对 FDI 的技术转移效应研究已经日臻成熟。除了对技术转移的途径和效应进行比较全面的归纳外，越来越多的研究开始转向测定技术转移效果的实证研究，即研究在某一东道国境内外资的存在对东道国企业的劳动生产率是否有影响。众多学者利用各国截面、时序数据或面板数据对该论题进行实证检验，得出的结果大致可以分为两类。第一类，流入发达国家的 FDI 普遍存在技术转移效应(Caves，1974；Globerman，1979；Blomstrom 和 Persson，1983)。第二类，对发展中国家的 FDI 技术转移效应的假设检验很难得到一致性的结论。外来直接投资、技术引进对东道国国内技术进步的效应存在"二律背反"现象，引进外来直接投资未必能带来先进技术(Haddad 和 Harrison，1993；Aitken 和 Harrison，1991，1999)。

实证中出现的不一致的 FDI 技术转移检验结果，追究其原因可以从跨国公司和东道国企业两个角度考察。技术转移不是自动产生的，技术转移的过程和程度是由技术的拥有者(跨国公司)和技术的接受者(东道国企业)共同决定的。这里有两个方面的因素引起了较多的关注。

1. 跨国公司的特有因素

跨国公司进行跨国经营的重要前提就是拥有较为先进的技术，理论上各国学者普遍认同外商直接投资存在技术转移的潜力。但值得注意的是，并不是所有的外商直接投资都具备相同的技术转移能力。跨国公司作为技术溢出源，目标在于追求利润最大化，而不是实现技术转移。跨国公司的投资动机不同，决定了其技术转移的潜力也不同(Narula 和 Marin，2003)。Nigel Driffield 等(2002)指出目前有关技术转移的相关实证分析中，之所以得出不一致的结论，原因就在于实证中 FDI 被当做是同质的外生因素，并没有考虑到不同的投资动机会影响外资的外溢效应。Nigel Driffield 等人通过考察 OECD 国家 1984—1995 年的制造业情况来检验外资的投资动机是否影响其溢出效应，其结论认为外商直接投资的动机会影响到东道国的全要素生产率。技术利用型(technology exploiting)的外资，跨国公司往往拥有比东道国企业先进的技术，因此容易产生外溢效应。与之相对应，寻求技术型(technology sourcing)的外资进入东道国的目的是想获取当地企业的先进技术，因此不容易产生技术溢出。Nigel Driffield 等人的实证结果认为技术利用型的外资具有正的外溢效应，而技术寻求型的外资具有负的外溢效应。

有关跨国公司投资动机和技术转移效应的实证文献比较少。Narula 和 Marin(2003)认为理论上资源指向型的外商直接投资比市场指向型的外商直接投资外溢潜力小，但是并没有实证支持这个结论。而 Nigel Driffield 等人的结论太笼统，无法解释为什么发达国家的技术溢出效应明显，而发展中国家的溢出效应难以得出统一的结论。然而，国外不少经济学家都已经注意到，跨国公司自身的投资动机，在东道国选择的投资方式等，都不是孤立地决定的，而与东道国的环境特别是人力资本的供给等有密切的关系。比如，Kumar (1999)的一项研究表明，美国和日本的跨国公司在对外投资过程中往往会考虑设立相应的 R&D 机构，以增强市场竞争力。此时，东道国可获得的工程师数量、当地本身的 R&D 经费支出、教育和科研基础设施情况等就是主要的考虑因素。东道国具备必要的条件时，丰裕的人力资源供给会诱使跨国公司有更多的技术转移，这在一定程度上解释了为什么发达国家的外商直接投资往往比在发展中国家有更明显的技术转移效应。

2. 东道国企业的吸收能力

借鉴 Cohen 和 Levinthal 的思想，许多学者试图从东道国的吸收能力来解释 FDI 技术转移假设检验结果的差异，并从多个角度诠释吸收能力的概念、内涵及影响作用。这些研究类似新增长理论致力于技术进步内生化的表述，从东道国经济的自身角度内生了 FDI 技术转移效应

（赖明勇，包群，2003）。

跨国公司的技术转移不会自动的提高东道国的劳动生产率，技术转移的效果是与当地企业吸纳能力相联系的。现有文献分析了影响东道国企业吸收能力的因素，大致可归纳如下：

（1）技术水平差距。在国际技术转移过程中，技术转移效果与发展中国家和发达国家的技术差距相关。科高（Kokko，1994）指出，如果东道国企业技术吸纳能力不足，就不能形成联系效应。对于初始技术水平很低的发展中国家而言，外商企业的领先技术并不适宜于直接用于当地生产，而且发展中国家的当地企业缺乏足够的技术学习和吸收能力，因此引进外资未必带来外溢效应。

（2）人力资本水平。东道国获得技术转移效应的必要条件之一就是东道国拥有经过良好训练的人力资本。Narula（2004）指出，东道国吸收能力的一个重要组成部分就是人力资本水平。早期的研究，如尼尔森和费尔普斯（Nelson and Phelps，1966）认为，一个国家引进和使用新技术的能力来自国内的人力资本存量。人力资本越高，往往技术进步的进程更明显。后来的实证研究，包括 Benhabib 和 Spiegel（1994）、Borensztein 和 Gregorio 等（1995）和 Bin Xu（2000）等都纷纷扩展了人力资本变量，来确定实现技术转移效应的人力资本的“临界值”。这些实证研究都表明，发达国家技术转移效果比较明显，而欠发达国家技术转移效果不明显，其原因就是欠发达国家没有充足的人力资本吸收跨国公司的技术转移。

（3）经济的开放度。Findley（1978）、Koizumi 和 Kopecky（1977）、Wang（1990）以及 Rivera Batiz（1991）分别从人力资本的积累和中间投入品产业的多样化角度，对 FDI 规模的扩大对东道国经济增长的促进作用进行了严密的理论分析，证实了对外开放的规模和 FDI 的外溢效应之间存在正相关关系。

另外，东道国的金融市场效率（Hermes 和 Lensink，2000）、知识产权保护(Smarzynska,1999)、东道国市场体制(Bhagwati,1985;Ozawa,1992)也影响吸收能力。

随着时间的推移,人力资本对外商直接投资技术转移效应的影响越来越多地引起了人们的重视。正如Vanden Berg(2001)提出的:一个国家的劳动力质量、所积累的经验和人力资本,教育系统等决定了它创造新思想和采用现有的思想的能力。因此,教育和人力资本对吸收和利用国外技术,乃至实现持续经济增长是很必要的。一个国家,相对较高水平的初始人力资本有利于自身的创造能力。同时,当一国转向发展外向型经济时,相应的人力资本增长水平对于吸收国外的先进技术也是必要的。

利用外资并不意味着东道国一定能够掌握内含在外资中的国外先进技术,成功掌握外资的先进技术有个吸收消化的过程。东道国拥有经过良好训练的人力资本是东道国获得技术转移效应的必要条件之一。总体来说,人力资本在吸收能力中发挥着不可忽视的重要作用。如果东道国的人力资本水平比较高的话,也就意味着学习能力比较强,吸收跨国公司的技术转移自然更容易。

2.2 人力资本是影响FDI技术转移效应的作用途径

经济增长理论的发展,进一步明确了人力资本的“增长引擎”的作用,把人力资本置于经济增长和经济发展的核心位置。美国著名的经济学家西奥多·舒尔茨在1960年在美国经济学会上发表的《人力资本投资》的演讲中明确提出人力资本概念,首次阐述了人力资本投资及所形成的人力资本在经济增长、工资增长等方面的作用。舒尔茨认为人力资本对经济增长的贡献远远大于物质资本。在人力资本投资中，舒尔茨又强调教育投资在人力资本形成中的作用，认为教育投资是一种重要的生产性投资。

1986年，卢卡斯将舒尔茨的人力资本和索洛的技术进步概念结合起来，提出了将人力资本因素真正内生化的经济增长理论。Lucas模型将资本区分物质资本和人力资本两种形式，将劳动区分为原始劳动(Raw Labor)和专业化的人力资本(Specified Human Capital)，认为专业化的人力资本才是促进经济增长的真正动力。产出增长的决定性因素是生产某一种商品所需的特殊的或专业化的人力资本(即专业化的劳动技能)。以后的研究，包括罗默(1989，1993)、里贝多(1991)等都将人力资本作为经济增长模型中重要的内生变量，强调人力资本存量和人力资本投资在内生性经济增长和从不发达经济向发达经济转变过程中的首要作用。

国内文献也从定性和定量两方面研究我国人力资本与经济增长的关系。赵曙明、陈天渔(1998)以及沈坤荣(1997)等在文章中阐述了人力资本对经济增长的重要作用，认为人力资本是经济发展的关键。赵曦(1997)研究了人力资本理论与反贫困问题，指出教育事业发展的落后和人力资本投资的极端薄弱是贫困地区经济社会的共同特点。定量方面的研究，如沈利生(1997)在《人力资源开发与经济增长关系的定量研究》一文中采用计量经济学方法建立了人力资源开发与经济增长的宏观计量模型重点分析了教育投资对经济增长的贡献，研究结果显示，增加教育经费支出的投入产出比大于增加固定资产投资的投入产出比，前者大约为后者的2—2.5倍。因此，适当地减少物质资本投资，增加人力资本投资，不但不会对国民经济的发展产生负面影响，还会有利于经济增长。周天勇(1995)采用舒尔茨的教育收益率法对人力资本的贡献进行了测算，发现1953—1990年间中国人力资本的平均增长速率为13.43%，对经济增长的贡献为 22%。

人力资本不仅仅是一国经济增长的一个重要决定因素，同时也影响着东道国吸收外商直接投资(FDI)的能力。对于发展中国家来说，人力资本和外商直接投资都是驱动经济增长的关键因素，但两者不是相互独立，而是互为补充的(Koji Miyamoto，2003)：(1) 发展中国家要吸引各种形式的 FDI 需要有足够受过起码是基础教育的劳动人口，人力资本吸引 FDI 的方式主要取决于东道国所寻求的 FDI 方式，发展中国家为了吸引高附加值的 FDI 应当发展相关产业所需的教育部门。(2) 跨国公司能为东道国提供人力资本的方式有在职学习和正式培训。(3) FDI、人力资本、技术转移存在良性循环。

由图 2-1 可看出，东道国吸引的外商直接投资受东道国政策和投资环境的影响，外资的流入带来了技术转移的潜力，技术转移的过程受跨国公司自身因素和东道国企业的吸收能力的影响。在决定未来的 FDI 流入的因素中，东道国的政策和人力资本水平、跨国公司的目标起着重要的影响。人力资本、FDI、技术转移的良性循环关系体现在：较高水平的人力资本使得东道国的投资环境更具吸引力，从而扩大外资流入的规模。外资的大量流入带来了技术转移的潜力，在此过程中，人力资本影响 FDI 的技术转移效应，具体体现在人力资本影响东道国企业的

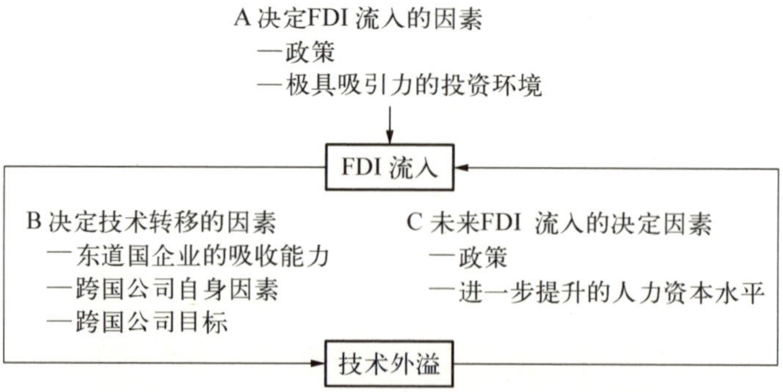

图 2-1　人力资本、FDI、技术转移的循环关系

吸收能力。外资的流入及外溢效应促进了东道国的人力资本发展，从而使得东道国的引资环境更有吸引力，对未来的外资流入又起了重要的推动作用。

2.2.1　人力资本是影响 FDI 规模和质量的决定因素

外资的流入带来了技术转移的潜力，东道国所吸收的外资的规模及质量和当地的人力资本紧密相关。早在 1988 年，Lucas 就认为发展中国家人力资本的短缺不利于外资进入。1998 年《世界投资报告》中有一项关于影响 FDI 要素的调查，在影响中欧和东欧的外资流入的因素当中，被调查者认为东道国的劳动力成本和劳动力素质是极其重要的因素。如果以工资水平来衡量劳动力素质的话，外资的流入是倾向于那些工资水平相对高的国家和行业。实际上，低工资水平的国家只能吸引到低水平的外资。Blomstrom 和 Kokko(2002)认为人力资本和外资的关系是复杂的、非线性的。东道国的人力资本水平决定了对外资的吸引程度，人力资本水平相对高的东道国可能吸引大量的技术密集型的跨国公司投资，反之，人力资本水平较低的国家只能获得少量的外资流入，而且外资企业转移过来的只是一些相对简单的技术。

2.2.2　人力资本是 FDI 技术转移的重要渠道

外商直接投资的技术转移效应的作用机制是通过以下三种途径发挥作用的：联系效应、示范和模仿以及人员流动。跨国公司在向东道国的分支机构转移设备、无形资产和管理专家外，很重要的一点就是对分支机构所雇佣的当地员工进行培训。东道国员工在外资企业工作期间积累了各种相关的技能，当这些员工“跳槽”到东道国当地企业或创办自己的公司时，其在跨国公司所学的各种技术也随之外流，技术转移效应便会随之发生。而且跨国公司对设在东道国的分支机构的员工提供的培训形势和数量远远超过当地的企业(Chen，1983；Gerschenberg，1987)，受过培训的员工的“跳槽”是技术转移的重要渠道。

Narula和Marin(2003)认为东道国的人力资本发展可以通过直接方式和间接方式产生技术转移。

1. 直接方式产生技术转移。跨国公司进入东道国市场，必然会增加东道国的就业水平，这是对东道国人力资本量上的影响。而且，跨国公司给员工提供各种形式的培训。这种培训面向各个层次：从简单的生产性操作人员到监管人员，从高级技术人员到上层经理人员，几乎都有受训机会。培训方式也很多：既有现场指导，也有专家讨论会，甚至派往海外接受正规教育。跨国公司的培训无疑会提高东道国的人力资本质量。

莱斯特(Lester，1981)调查了美国跨国公司在马来西亚出口加工区的子公司，发现一般性的管理技巧已基本上转移给了当地雇员；此外，美国对菲律宾管理技术的转移也是显著的。陈(Chen，1983)在一份有关香港技术转移的研究中发现，“在香港制造业中，外国企业的最大贡献不在于所谓的新技术和产品的生产，而在于对各个层次工人的培训”。

2. 间接方式产生技术转移。跨国公司在东道国开展日常运作时会和企业部门和非企业部门(non-firm sector)发生接触产生技术转移。

从企业部门来看，跨国公司一般热衷于培训当地的供应商(Dunning，1958)。为了充分利用当地廉价的投入要素，压缩生产成本，增强产品价格竞争力，最大化的保证自身的盈利水平，跨国公司会对当地供应商、经销商和营销组织提供培训和技术支持，此时就会提高东道国的人力资本水平。例如，20世纪80年代，GM和几大主要的汽车生产企业在墨西哥进行投资，短短5年时间内，墨西哥超过300家本土企业成为这些跨国公司的供应商。这些大型的外国汽车企业为墨西哥本地的供应商提供质量控制培训和技术支持，培训外溢效应非常明显

(UNCTAD,2000)。

企业部门完成的间接溢出效应还表现在跨国公司的员工流动到当地企业。乔森伯格(Geosenberg,1987)曾就跨国公司在肯尼亚培训和传播经营能力情况作过调查。调查表明,现有当地私人或国有企业曾经受训过的经理人员中,大多数曾任职于跨国公司子公司。经理人员的流动,大大加速了专有经营管理技术的扩散。凯茨(1987)也认为,东道国从跨国公司雇员的流动中可以获得重要的溢出利益。他指出,许多拉美当地企业的经理人员早先一般任职于跨国公司的子公司,并在那里得到了良好的培训。

跨国公司和非企业部门的联系也是间接溢出效应的一种方法。非企业部门指公共研究机构、大学和知识专利保护组织等,这些组织能够促进技术进步。跨国公司给予这些非企业部门财力和技术支持,当地企业也能从这些非企业部门获益。

2.2.3　人力资本是吸收能力的核心因素

由于跨国公司的特有因素和技术转移效应的实证比较少,所以对 FDI 技术转移效应影响因素的更好地解释应该从东道国企业角度考察。东道国国内企业在多大程度上吸收 FDI 的技术转移,即东道国的吸收能力对技术转移效应起着决定性的作用。

在这些因素当中,越来越多的研究开始把目光转向人力资本对东道国吸收跨国公司技术转移能力的影响。东道国获得技术溢出效应的必要条件之一就是东道国拥有经过良好训练的人力资本。总体来说,如果东道国的人力资本水平比较高的话,也就意味着学习能力比较强,吸收跨国公司的技术转移自然更容易。

东道国获得技术溢出效应的必要条件之一就是东道国拥有经过良好训练的人力资本。邓宁(Dunning)的折衷理论认为,决定跨国公司在东道国的技术转移水平有两个因素：一是跨国公司子公司的产品所处周期，而是东道国经济发展的阶段，其中就包括熟练劳动和管理人员的可获性。如果东道国的劳动力素质和跨国公司的需求存在较大差距，就会加大跨国公司的技术进入成本。

人力资本是技术扩散的必要条件。尼尔森和菲利普斯(1966)曾提出过两个技术扩散模型，用以说明人力资本投资、技术扩散和经济增长之间的关系。他们认为技术扩散过程实际上是人力资本投资与形成过程，而该过程对所投入的人力资本本身有更高的要求。技术扩散的主要形式是专业训练和技术培训。尼尔森和菲利普斯的研究表明，新技术扩散的范围和速度与一个国家的人力资本存量具有密切的关系。在其他条件一定的情况下，人力资本存量越大，技术扩散的范围就越广，扩散的速度就越快。技术扩散对人力资本有两个方面的要求：其一是推动技术扩散所需的人力资本(培训者，如教师和工程师)，其二是接受和学习新技术所需要的人力资本(受训者的知识和能力)。在技术扩散的过程中，这两个方面的人力资本条件均必不可少。

2.3 人力资本影响 FDI 技术转移效应的实证研究

上节从理论上证明了人力资本影响 FDI 技术转移效应的实现，本节将总结在实证研究中对该论题所得出的结论。

2.3.1 研究方法

对于人力资本影响 FDI 技术转移效应的实证研究方法，主要集中在如何确定人力资本变量和技术转移效应的效果。本书研究将采取实证方法研究人力资本和 FDI 技术转移效应，因此有必要将文献中的实证研究方法作一归纳。

1. FDI 技术转移效应的实证研究方法

文献中对 FDI 技术转移效应的研究都是利用相关的统计分析进行考察。在现有文献中，主要采取两种不同的具体研究手段。第一种是在局部地区采用抽样调研的手段。第二种是使用官方统计数据，借助于经济计量方法进行回归分析。

Ping Lan(1999)采用调研问卷和访谈的方法，选择大连作为一个独立的研究区域。调研的主要内容是集中于外资企业的供应商状况和人力资源的培训情况。得出的基本结论是：技术的前向外溢更多的是借助于非直接的方式进行。后向的溢出情况不容乐观。陈杰和乌妮娜对技术转移在中国的现状研究也是使用抽样调研的研究方法，范围是上海、南京、苏州三市的外国投资企业。他们以 CDK(Completely Knocked Down)为指标考察各个企业的技术转移情况。研究结论认为“三地的合资企业大部分在引进技术的消化与吸收方面处于浅度国产化阶段，对外方母公司的核心技术、关键中间产品仍有较强的依赖性”。这就意味着外国投资企业的技术转移效果不佳(陈杰，乌妮娜，1999)。

实证中检验 FDI 技术转移效应绝大多数是采用经济计量分析。从数据看，实证中采用的数据可以分为两类：行业横界面数据和企业面板数据(孟亮等，2004)。从具体计量上，为了确定 FDI 技术转移的效果，国内外实证研究中用了直接方法和间接方法：

(1) 直接方法，即劳动率或多要素生产率衡量方法。通过考察外资的存在是否提高东道国企业或行业的生产率来确定 FDI 技术转移的效果。国外大多采用行业分类资料，将东道国企业分为内资企业和外资企业，回归方程中以内资企业的劳动生产率、全要素生产率和人均增加值为被解释变量，以外资变量、出口比例、资本、劳动力等为解释变量。若外资变量的回归系数为正且显著，则检验FDI的外溢效应存在。外资变量的选取，可分为两类：外资资产占行业总资产的比例（Haddad, Harrison, 1993）；外资企业员工人数占行业员工总人数的比例（Kokko, 1994）。

（2）间接方法，考察的是跨国公司与东道国经济日益融合的不同方面，包括6个方面：技术许可证、垂直联系效应、模仿效应、FDI对东道国市场结构的影响（尤其是对竞争的影响）、员工培训以及跨国的R&D行为。

Bin Xu(2000)运用的是跨国公司花在专利及许可证上的花费作为外资的变量，其研究发现外资的技术转移加快了东道国的全要素生产率。

研究垂直联系效应产生的技术转移时，一般选取了东道国企业的供应商作为研究的样本。当外资的存在对当地供应商的生产率产生正的影响时，就意味着垂直效应产生技术转移。如De Bresson等（1991）在研究加拿大飞机制造业的垂直联系效应时，发现外资的存在仅对那些具备吸收能力的当地供应商起间接的重要作用。

员工培训产生的技术转移的研究，一般从跨国公司的培训费用、培训效果和人员的流动考察。从培训费用看，跨国公司的分支机构所提供的培训费用与母公司相差无几，而且远远高于发展中东道国的当地同类企业（Chen，1983；Gerschenberg，1987）。莱斯特（Lester，1981）的研究发现美国跨国公司在马来西亚出口加工区的子公司，发现一般性的管理技巧已基本上转移给了当地雇员，培训效果比较显著，提升了东道国的人力资本水平。技术人员在跨国公司研发机构和当地企业之间的流动也加速了知识的流动和扩散（Feng，Lin，et al.，2002）。

跨国公司的研发活动所产生的溢出效应，实证中分为两类，一类是考察跨国公司母国的研发行为对东道国企业生产率的影响，如Coe，

Helpman（1997）建立了与国外的R&D资本存量相关的发展中国家全要素生产率、与GDP相关的机器及设备的进口和中学的入学率等三个自变量的预测方程，结果发现与发达国家进行贸易较多的发展中国家，积累更多的R&D经验，具有更高的生产力。另一类是考察跨国公司的分支机构在东道国的研发支出对东道国企业的影响。如跨国公司在印度的研发机构促进了国外先进技术向印度的扩散，加强了国外先进技术和印度本土技术的交流与合作，从而加快了印度高技术产业的发展（拉菲克·多塞尼，2000）。

2. 人力资本的度量

人力资本的价值已经被广泛认识。无论是人力资本的经济增长贡献研究，还是人力资本与技术转移关系的研究，都要涉及人力资本的测度问题。但是人力资本的度量不仅在理论研究中存在着困难，在现实生活中也是政府和社会各界共同关心的问题。实际上，到目前为止，还没有一个有效可行的方法能准确计算一个个体的人力资本存量。

长期以来，国内外学者针对人力资本的度量做了大量的工作，提出了许多可借鉴的方法。如未来收益法、累计成本法、教育存量法。由于在实证中教育存量法最实用，因此国内外学者经常用教育存量法度量人力资本。

教育存量法是以教育的成就或国民受教育程度来间接的描述人力资本水平。其基本思路在于：教育形成的知识构成了人力资本的核心内容，教育的成就越大，人力资本的投入也越多，国民的受教育程度越高，人力资本的存量也越大。

在估算人力资本水平时，教育存量法直观、易于操作，资料比较容易获取，在实证当中国内外学者经常运用。实证中教育存量法的数据来源可分为2大类。一类来源于国家机构的人口普查，另一类来源于教育和劳动力调查（Angel de la Fuente，2000）。具体使用的变量包含以下教育变量：

（1）平均受教育年限（Bin Xu，2000；BGL，1995）。

（2）入学率（Barro，1991；Levin 和 Raut，1997）。

（3）受教育人数占总人口比例（Lee、Liu 和 Wang，1994；Manliw、Romer 和 Well，1992）。在此基础上，可细化人力资本指标，按照劳动力受教育程度划分为初级、中级和高级教育三个比例指标（Caselli and Coleman，2001）。

（4）教育经费支出（赖明勇等，2002）。

（5）考试分数（Barro 和 Lee，2001）。

3. 研究两者关系的计量模型总结

在上述研究的基础上，实证中研究两者关系的计量模型可以分为两大类：

第一类，将外商直接投资和人力资本变量作为交叉项来考察两者对东道国的劳动生产率、全要素生产率或国内生产总值的影响，如果交叉项的回归系数为正并且通过显著性检验，就意味着 FDI 的技术转移效应要和人力资本结合起来才能对东道国的生产率有所提高。比较典型的是 BGL（1995）的计量模型。

BGL（1995）的回归方程为：

$$g = C_0 + C_1 FDI + C_2 FDI \times H + C_3 H + C_4 Y_0 + C_5 A$$

其中 g 为经济增长率，Y_0 代表初始人均产值，H 代表人力资本，A 代表影响经济增长的其他变量。在 BGL（1995）的回归方程中，交叉项 $FDI \times H$ 的回归系数 C_2 远远大于 FDI 的系数 C_1，这就意味着 FDI 与东道国的人力资本结合起来对经济增长起到明显的推动作用。

我国国内学者也借鉴了 BGL（1995）的做法，如赖明勇，包群和阳小晓（2002）在 BGL 计量模型的基础上，细化了人力资本指标，用中学生入学率(SP)、大学生入学率(CP)及政府财政的教育投入(EE)代表人力资本存量进行回归。其目的在于确定中国吸引的外资的和什么类型的人力资本更好结合在一起。沈坤荣、耿强(2001)也用了 FDI 和人力资本的交叉项来考察技术转移效应的发挥需要结合一定的人力资本。他们的计量方程为：

$$LnG = C_0 + C_1 FGDP + C_3(FGDP \times H) + C_4 PG + C_5 GY + C_6 DY + \varepsilon$$

其中，G 代表个地区的人均国内生产总值，$FGDP$ 为个地区的外商直接投资的年流入量与各地区的国民生产总值的比例。H 为各地区的人力资本存量，以每年高校人数比例来代表。$FGDP \times H$ 为外商直接投资流量比与高校人数比的乘积。PG 为各地区 GDP 的对数值。GY 为体制环境，DY 为地区差异的虚拟变量。检验的结果是：交叉项 $FGDP \times H$ 预备解释变量呈正相关关系，说明 FDI 的技术转移效应要求较高的人力资本存量。

第二类，不考虑技术转移效应的交叉项，而是将技术转移作为被解释变量，人力资本作为解释变量之一。如果人力资本变量的回归系数为正并且通过显著性检验，则得出结论，人力资本影响技术转移效应的实现。这类研究一般都是分析技术转移效应的影响因素。如国内何洁(2000)的研究。把技术转移效应作为被解释变量，影响因素作为解释变量，但何洁并没有单独研究人力资本和技术转移效应的关系。国外此类研究比较有代表性的是 Caselli and Coleman(2001)。他们的计量模型是：

$$\log(I_c^{it}) = \alpha + \delta^t \beta + X^{it}\gamma + \eta^i + \mu^{it}$$

I_c^{it} 是第 I 个国家在第 t 年的人均计算机进口值，在此模型中作为技术转移的指代变量，δ^t 是年份的虚拟变量，X^{it} 是一系列的解释变量，这其中就包含人力资本。Caselli and Coleman(2001)又将人力资本变量细分为初等、中等和高等教育指标，指出仅有劳动力中达到中级教育的人力资本变量的回归系数通过了显著性检验。

2.3.2 实证结果

人力资本是吸收能力的核心因素，以至于在实证中很多研究将人力资本作为指代吸收能力的变量(Borenzstein et al.，1998)。Blomström and Kokko(2003)认为 FDI 的流入为当地劳动力带来了知识外溢的潜力，同时，人力资本水平也决定了东道国能够吸收多少的外商直接投资和当地企业是否能够吸收跨国公司的技术转移。

国外对于人力资本和东道国吸收能力的实证研究形成了一定的积累。Benhabib 和 Spiegel(1994)在研究人力资本在经济增长中的作用时，采用柯布—道格拉斯生产函数所推导的简化公式，用实体资本和人力资本作为解释变量，发现人力资本的确影响到经济增长率，而且人力资本可通过两种机能影响经济增长：(1) 人力资本直接影响国内的技术创新。(2) 人力资本存量会影响向国外学习的能力。一个国家的人力资本决定了其吸收跨国公司技术转移的能力，在发展中国家尤为明显。对于发展中国家来说，如果不具备充足的人力资本，就会限制对跨国公司先进技术的接收和应用。

Borensztein，Gregorio 和 Lee(BGL，1995)运用人力资本作为吸收能力的代表指标将东道国的吸收能力具体量化。他们构造了包含人力资本和 FDI 的内生增长模型，通过 FDI 从工业化国家流向 69 个发展中国家的研究中发现，交叉项 $FDI \times H$ 的回归系数远远大于 FDI 的系数，意味着外商直接投资对经济的促进作用与东道国的人力资本水平相关，FDI 与东道国的人力资本结合起来对经济增长起到明显的推动作用。

论文的进一步研究显示，FDI 流入并不直接导致技术转移效应，而是受东道国人力资本临界值的影响（threshold effect）。仅当东道国的人力资本达到一个最低限度（即成年男性接受中学以上的教育年限达到0.52 年）时，跨国公司的技术转移才会对东道国的劳动生产率增长起实质作用。

Keller（1996）指出东道国人力资本积累和技术转型相匹配时，东道国的增长效应才能产生。相对较高的初始人力资本水平对获取新技术有利，而且当一个经济体实行外向型经济政策时，由于这是新技术的可获性增加，相应就要求人力资本水平也必须提高，只有这样才能维持技术进步和经济的较高增长。论文中还列举了朝鲜（1965—1967 年）和巴西（1965—1973 年）的例子。这两个国家同时实行外向型经济政策，但是结果大相径庭。朝鲜在实行贸易自由化 4 年后，经济增长率从之前的12.3%增长到年平均 22.3%，而且保持持续快速的增长态势。但从巴西来看，增长率从之前的 3.83%增长到 10.3%，很快又降到年平均 5%以下。其中的原因就在于朝鲜初始人力资本水平较高，而且加大了人力资本的投资。正是由于人力资本积累的差距导致了两国技术吸收的效果和经济增长率的不同。

Caselli 和 Coleman（2001）用计算机设备的进口作为衡量国际技术转移的指标，衡量了 1970 年到 1990 年 OECD 国家之间的计算机技术转移的决定因素。结果发现，计算机技术的应用和东道国的人力资本水平强相关。文章细化了人力资本指标，按照劳动力受教育程度划分为初级、中级和高级教育三个比例指标，其结果表明仅有劳动力中达到中级教育的人力资本变量的回归系数通过了显著性检验。

Bin Xu（2000）运用面板数据回归模型，以全要素生产率（TFP）作为被解释变量，以成年男性接受中学以上的教育年限指代人力资本。论文研究了 20 个发达国家和 20 个欠发达国家的 FDI 吸收情况。实证表明，发达国家技术转移效果比较明显，而欠发达国家技术转移效果不明显，其原因就是欠发达国家没有充足的人力资本吸收跨国公司的技术转移。对于以人力资本衡量的吸收能力的"临界值"，Bin Xu 提出只有当东道国的人力资本达到1.9年时，美国跨国公司的技术转移才能对东道国的劳动生产率提高起促进作用。许多欠发达的国家符合BGL的条件，但不符合后一个条件。

国内文献从定性和定量两方面考察了我国对跨国公司技术转移吸收能力。如杜兰英和周静(2002)分析了发展中东道国的人力资本水平、东道国企业的技术吸收能力和市场环境是发达国家在发展中国家的技术转移效应的制约因素。张诚等(2001)也较全面地归纳了跨国公司的技术转移受到当地产品市场竞争环境、发展中东道国自身吸纳能力、教育水平、体制因素的制约。这些研究都从定性分析出发，并对强化跨国公司的技术转移提出了政策建议。

国内相关的定量研究主要包括：何洁(2000)从联动效应考察了1993—1997年FDI对我国工业部门外溢效应的影响，发现FDI外溢效应的发挥受当地经济发展水平的门槛效应制约，单纯提高一个地区的经济开放程度对提高FDI的外溢效应是没有意义的，甚至有负面影响。外溢效应对当地经济的正向促进作用，必须建立在经济发展水平的提高、基础设施的完善、自身技术水平的提高和市场规模扩大的基础上。

沈坤荣、耿强(2001)选取了我国1987—1998年分地区的人均国内生产总值的自然对数(LnG)为被解释变量，解释变量中以各地区每年的高校人数比例(H)代表人力资本存量，其检验发现，人力资本存量在模型中没有通过显著性检验，但是外商直接投资流量比与高校人数比的乘积和LnG呈正相关的关系。这表明对我国经济有增长效应的、能够带来技术扩散的FDI一般要求较高的人力资本存量。从另一个角度也说明了地区人力资本存量的多少对于FDI技术扩散效应的发挥程度有着至关重要的作用。论文还进行东、西、中部的分析，发现中国中西部地区的 FDI 技术扩散效应尚未完全显现。

赖明勇、包群和阳小晓(2002)运用中学生入学率、大学生入学率及政府财政的教育投入来代表人力资本存量，结果显示，影响我国外商直接投资的众多因素中，人力资本存量起着至关重要的作用。从回归效果看，中学生入学率的检验要优于大学生入学率，这说明我国吸引的 FDI 更多的是与具有初、高中教育水平的劳动者结合在一起。但总的来说，FDI 的确更多的是与人力资本相结合而作用于经济增长，即流入我国的 FDI 对国民经济的推动作用较少的反映在资本积累效益上，而是更多地体现在技术转移($FDI \times H$)上，影响 FDI 的吸收能力的关键因素是人力资本。

赵江林(2004)从人力资源出发探讨我国人力资源开发对外资的影响，研究结果显示，1990—1995 年期间，受小学教育人口的变动与外资增长是同向变化的，但是 1995—2000 年期间，外资增长与受小学教育人口的关系呈负向变化。在吸引高附加值的外资的过程中，高中和大专以上学历人口的作用开始突出。论文的基本观点是：我国现有的人力资本水平对吸收外资的规模、质量、结构以及效果起着重要甚至是决定性的作用。

2.3.3　相关政策建议

以上实证研究都突出了人力资本存量对吸收跨国公司技术转移的重要作用：东道国要想利用 FDI 所引入的新技术，必须要培养或培训与新技术相适应的人力资本。针对本书的研究角度，国内文献对人力资本影响 FDI 技术转移效应所提出的相关政策建议如下：

1. 东道国政府应推行适当的人力资本开发政策，提高本土人力资本素质。吸收外商直接投资带来的技术进步，必须要有足够的人力资本存量。只有东道国有一定的科技人才，跨国公司才能在东道国安排一些研究和开发项目，培训当地高级人才，以降低人力资源的成本和更好地使产品当地化(沈坤荣，耿强，2001)。

2. 教育作为提升人力资本水平的重要途径，我国教育政策的重点应提高高中受教育人口在总人口中的比例。就地区而言，东部应提高大专以上学历的人口比重，中西部地区的侧重点则以提高初中受教育人口的比重为主(赵江林，2004)。

3. 东道国政府可以采取一些可行措施，鼓励跨国公司的培训行为。跨国公司分支机构提供的培训要支付一定的成本，东道国政府可以通过减征利润所得税或实施工资补贴计划，使政府达到上述目标(陈志刚，2004)。

2.4 前人研究成果的总结和评价

国内外相关文献从理论上和实证上验证了人力资本对外商直接投资技术转移效应具有重要的意义，其基本结论如下：

1. 人力资本和外商直接投资都是驱动经济增长的关键因素。但两者不是相互独立，而是互为补充的。东道国人力资本决定了吸引的FDI的规模和质量。东道国人力资本水平越高，就能吸引更多的外商直接投资，也更容易吸引大量的技术密集型的跨国公司投资。FDI的更多流入带来了技术转移的潜力。

2. 人力资本是FDI技术转移效应实现的重要渠道。跨国公司进入东道国之后，会通过对其分支机构的雇员实施培训，将技术和管理经验转移给东道国，跨国公司的分支机构通过和当地企业部门和非企业部门的基础也会产生技术转移。

3. 人力资本是吸收能力的核心因素，吸引的外资不会自动产生技术转移，而是受东道国吸收能力的影响。东道国获得技术溢出效应的必要条件之一就是东道国拥有经过良好训练的人力资本。总体来说，如果东道国的人力资本水平比较高的话，也就意味着学习能力比较强，吸收跨国公司的技术转移自然更容易。

同时，我们也要注意到当前有关人力资本和 FDI 技术溢出效应关系的研究存在以下不足：

1. 从国内目前文献看，从我国角度出发，对于人力资本在决定我国吸收跨国公司技术溢出能力的专门研究还处于初级阶段，现有的研究一般是将其作为附带的研究内容。

2. 计量模型存在缺陷。检验方程中变量的选择和准确定义对研究人力资本和技术溢出关系非常重要。

目前国内相关文献无法形成专门化的研究，关键原因就是对于技术溢出效果的衡量和人力资本变量的选取缺少统一的认识。国内现有的文献一般都以外商投资的多少代替技术溢出，仅从数量上认为外资的存在会对提高国内企业的劳动效率，并没有考察外资质量的差别。

对于人力资本变量也不够细化，所用的替代变量并不能全面反映人力资本的性质，所以实证中很难得到令人信服的结果。同时，人力资本和 FDI 的技术转移的实现要考虑技术转移的供给方(跨国公司)和技术转移的接受方(东道国企业)，实证模型中没有考虑从跨国公司和东道国企业考虑这个论题，这方面的研究需改进。

3. 比较方法较少。为了发现技术转移效应在具有不同国家和地区发生的一般规律，开展跨国跨地区的比较很有必要，同时数据样本的时间跨度应尽可能长，国内文献缺乏这部分研究。同时，国内的文献一部分采用的是横截面数据，一部分采用面板数据，很少对比两种方法产生的结果差异。最后，相关的案例研究较少。

现代人力资本理论则认为：在发展中国家最稀缺的是熟练的技术工人和管理人员。物质资本和人力资本都是经济发展中不可缺少的生产性投资，且人力资本的收益要大于物质资本投资的收益。尤其对我国这样一个人力资源丰富的国家，目前应该提高劳动力素质，以突破吸收国际技术转移能力的瓶颈。本书针对目前文献存在的不足，拟采用新的检验方法，细化技术转移和人力资本变量指标，更准确地衡量人力资本和技术转移之间的关系。并开展跨地区的比较，结合案例分析，对我国的人力资本和 FDI 技术转移关系进行专门研究，以丰富现有文献。

第3章 人力资本与FDI技术转移效应：分析框架

FDI的技术转移效应不是自动产生的，技术转移效应本身是个系统化的过程，受很多因素影响，人力资本起着至关重要的作用。自改革开放以来，我国的经济一直处于高增长水平，居民储蓄和外汇储备居高不下，储蓄和外汇的“双缺口”已经消失。中国经济增长到了一个崭新的阶段，吸收外资的重点已经从获得资本逐渐转向与FDI相伴而行的国际技术转移。技术转移效应作为FDI重要的外部效应之一，是外商直接投资推动我国经济发展的重要力量和中国经济长期增长效应的基础。FDI对东道国经济增长功能的作用大部分是通过人力资本的当地基础产生的(Mody and Wang，1997)。FDI技术转移效应(包括技术输入效应和技术转移效应)的实现，都和人力资本紧密相关。人力资本已经成为我国寻求新的经济增长方式与吸收FDI技术转移效应的切入点。

本章首先阐述FDI技术转移效应的发生机制，讨论在中国背景下，研究FDI技术转移效应对我国寻求新的经济增长方式的现实意义，通过界定本书所研究的FDI技术转移效应，分析人力资本如何影响FDI技术转移效应的实现过程。理论的深入分析有助于在第二节提出相应的假设检验，为研究中国人力资本影响FDI技术转移效应的实证研究作铺垫。本章第二节将提出本书实证研究的基本假设和基本分析模型。

技术转移效应包含技术输入效应和技术外溢效应，因此本书在相应的模型假设上提出技术输入模型和技术外溢模型。第三节将阐述基本分析模型中的主要变量及其数据来源。

3.1 技术转移效应的发生机制

3.1.1 中国经济增长方式的转变

自改革开放以来，我国的经济一直处于高增长水平，其中外商直接投资是我国经济起飞和持续增长的主要推动力量之一。20世纪90年代以来，中国成为吸引外资最多的发展中国家。截至2005年1月底，全国累计批准设立外商投资企业512 504个，合同外资金额11 094.45亿美元，实际使用外资金额5 661.96亿美元①。《2004年世界投资报告》显示，外商投资企业工业总产值占全国工业总产值的比重由1990年的2.28%上升到2003年的35.87%，以外商投资税收为主的涉外税收占全国工商税收总额的比重由1992年的4.25%上升到2003年的20.86%，2003年实际使用外商投资占全社会固定资产投资的比重为7.95%，外资依存度（实际使用外商直接投资总额占GDP的比重）达3.79%，外资已成为中国经济极其重要的组成部分。

储蓄和外汇短缺的“双缺口”理论一度成为发展中国家利用外资的主要理论依据。在改革开放初期，我国作为资金短缺的国家，引进外商直接投资主要考虑扩大融资渠道，增加资本要素投入以加快经济增长的速度。外来的资金对弥补国内的建设资金的不足在改革开放初期有着非常明显的积极意义。经过二十多年的改革开放，我国市场格局已经发

① 中华人民共和国商务部利用外资统计，www.mofcom.gov.cn。

生了根本性的变化。目前，我国投资率和储蓄率较高，相对而言资金不是第一位紧缺要素。从统计数据来看，我国居民储蓄居高不下，截止到 2005 年 7 月末，居民储蓄余额已达 13.37 万亿元。我国外汇储备余额在 2005 年 6 月末已突破 7 000 亿美元，达到 7 110 亿美元，居世界前列①。当前，储蓄和外汇的"双缺口"已经消失，经济增长的资本要素短缺问题已经得到缓解，制约中国经济增长的不再是资本要素的供给不足，而是技术创新能力的不足。

国际经济的发展表明，技术进步已经成为一个国家经济增长的主要决定因素。工业化社会 50%以上的经济增长源于技术进步。从世界经济发展的情况看，发达国家和发展中国家的经济都普遍存在增长的趋势，但同时也存在明显的差异。技术知识水平及不断创新正是解释各国经济增长和收入水平存在差异的最重要因素之一(Easterly and Levine, 2001; Kuznets, 1966; Maddison, 2001; Prescott, 1988)。一个国家的技术进步，可以依靠本国的创新和发明，也可以通过借鉴(即模仿或引进)发达国家的现有技术来实现技术创新，弥补本国技术资源的不足。对于一个发展中国家来说，资本相对短缺，劳动力相对丰富，显然，与通过研究和开发的发明来实现技术进步的成本相比，通过模仿或引进的方式来实现技术进步的成本较低(Teece, 1977; Mansfield et al, 1981)。

发展中国家具有技术创新的后发优势，可以通过实行外向型经济，利用引进发达国家现有的技术来达到较发达国家快速的技术升级和经济发展速度，而最终实现收入水平的收敛。发展中国家从发达国家引进技术的途径是多种多样的：贸易方式，主要通过购买跨国公司设备而获得技术；外商直接投资方式，主要通过吸收和利用国际直接投资方式获得技术。FDI 是与技术关联的特殊资本，具备提供从生产技术、管理、销

① 中国人民银行统计数据，www.pbc.gov.cn。

售技巧到市场网络的一揽子资源优势，在技术转移过程中具有重要意义。外商直接投资已经成为发展中国家技术引进的主要方式，主要目标就是吸收技术转移效应。在全球化与知识经济的大背景下，由外商直接投资引发的国际技术转移已成为推动技术创新和技术进步的重要手段之一。通过促进外商直接投资的国际技术转移，可以为发展中东道国带来提高生产效率，增加产出水平，发展高科技产业，调整优化产业结构，加速国家和地区的经济和科技发展的效应，这已经成为国际经济的大势和主流之一。

在新的经济发展背景下，利用外商直接投资是促进我国技术进步的有效选择。FDI作为集技术、资金、管理等于一体的创造性资源，可在资本、技术等多个环节突破我国经济增长的低水平的发展循环。从这个角度看，内资不是外资的替代物。我国引进外商直接投资的主要目标，是利用外商直接投资的技术转移效应，加速我国的技术进步，促进产业升级的工业化进程。对我国来说，获得资本固然重要，但决定经济长期增长的因素在于技术、管理、市场等方面的改进。

3.1.2 技术转移效应的内涵

1. 技术转移的含义

一国的技术进步可以来自本国的研究和开发，这就是通常所谓的“技术创新”(Technology Innovation)，还可以借鉴其他国家和地区现有的技术，这就是“技术转移”(Technology Transfer)。

在现有的很多文献中，对于技术转移、技术扩散、技术转让、技术外溢、技术扩散这几个名词的概念比较混淆，为了研究的需要，本书在给出实证分析模型前，对技术转移给出明确的界定。

“技术转移”出自英文的“Technology Transfer”，最早是在1964年第一届联合国贸易发展会议上提出并讨论，会议上把国家之间的技术输入与输出统称为技术转移。联合国《国际技术转移行动守则草案》中给出的"技术转移"的定义是：关于制造产品、应用生产方法或提供服务的系统知识的转移，但不包括货物的单纯买卖或租赁。根据这一定义，技术转移的标的是"软件"技术，单纯不带有任何"软件"技术的"硬件"转移不属于"技术转移"的范畴。该定义明确了技术转移的具体标的，但是并没有对"技术转移"作出具体的解释。后来的学者给出了不同的"技术转移"的概念，依据强调的侧重点，可概括为七种观点（范保群，1996）：(1) 知识诀窍的转移、分配说。认为技术转移是技术知识的转移和再分配。国际商会据此给出的技术转移的定义是，技术转移是关于产品的制造方法和技术实施的全部知识诀窍和经验的转移。(2) 技术知识应用说。认为技术转移是技术在社会范围内的广泛应用。如弗兰克·普雷斯博士的定义是，技术转移就是研究成果的社会化，包括其在国内和向国外的推广。(3) 地域、领域转移说。认为技术转移是地域上和技术所属领域的转移，前者使技术从一个国家或地区转移到另一个国家和地区，后者使技术从一个领域转移到另一个领域。美国的巴一赞凯认为，当某一领域中产生的或适用的科学技术信息在一个不同的领域中被重新改进或被应用时，这一过程就叫技术转移。(4) 环节转移说。认为技术转移是技术信息经过一些阶段、一系列环节的顺序发展过程。林慧岳就认为技术转移是技术和知识及其载体（人或机器等物质形态）在技术活动中的发明、创新和扩散三个环节之间的定向流动。(5) 技术载体转移说。认为技术转移就是技术载体的转移，其中技术载体指人（具有技术知识的人）、物（生产工具、设备机器等）和文字信息（书刊、文献、图纸、胶片、磁带等）。(6) 相异主体合作说。认为技术转移是技术要素在不同主体之间的流动过程。即是不同主体之间存在的合作。(7) 技术商品流通说。认为技术转移就是技术成果作为一种商品在不同所有者之间的流通过程。

除了以上7种观点之外，还有一种观点——消化吸收说。认为技术转移不仅是指技术知识以及随同技术一起转移的机器设备的移动，而且应是指技术在新的环境中被获得、吸收和掌握三者的有机统一的完整过程。S·洛杉布尔姆认为，技术转移是技术在与其起源不同的环境中被人获得、开发和利用。

虽然目前对技术转移并没有比较权威的统一定义，但是上述给出的概念都反映了技术转移包含三个要素：首先，技术转移是个过程；技术转移需要技术的供给方和需求方；技术转移的实现需要供给方和需求方双方的“相互作用”。从本书的分析角度看，本书所提到的外商直接投资的技术转移，是外商直接投资的输出国和输入国之间共同作用的，由外商直接投资的输出国提供技术，输入国作为技术的需求方，以吸收外商直接投资的方式，借鉴输出国现有先进技术，促进本国生产力提高的一个过程。引进外商直接投资，实现技术转移，从传导机制上包含两个步骤(Lipsey，2002；Gorg 和 Strobl，2001)。第一步，跨国公司的母公司向东道国的分支机构或受资企业转移先进技术，这些技术一般都优于东道国的现有技术。第二步，通过技术的非自愿扩散，跨国公司的分支机构促进当地技术和生产力水平的提高，实现技术外溢。

明确了技术转移的三个要素和步骤，就可以和技术转让、技术扩散、技术引进、技术外溢相区分。这几个概念既有联系又有区别。技术转让(Technology Assignment)是指技术权利的转让，指一方将技术的使用权或所有权转让给另一方的行为过程。技术转移的概念，包括技术地点和权利的转让，而技术转让的概念，指技术权利的转让。因此，技术转移的概念所涵盖的范围要比技术转让宽泛。例如，一项技术的发明人可以去另一个国家和地区，用自己的技术开办企业，生产某种产品，在这个例子里，没有发生技术转让，但是产生技术转移。技术扩散(Technology Diffusion)是技术创新扩散(Technology Innovation Diffusion)的同义词。舒尔茨对技术扩散的定义是，指创新通过市场或非市场的渠道的传播。技术转移和技术扩散都指技术通过一定的渠道发生不同领域之间的移动，但是技术转移研究的角度主要是国家与国家之间，而技术扩散多用于国内范围。斋藤优说："通常所说的技术扩散(Diffusion)往往指国内传播的情况，在国际的转移中，则更多使用转移(Transfer)一词。"技术引进(Technology Introduction)是指为发展本国经济和科学技术，通过各种方式，有计划、有重点、有选择地从国外获取先进技术的活动。从技术的接受方来讲，技术引进就是技术输入。技术引进只是技术转移的一个方面，技术转移不仅包括技术输入，还包括技术的非自愿扩散，即技术外溢。科高(Kokko，1992)在《外商直接投资、东道国特征和溢出》一书中，提出"技术外溢"(Technology Spillovers)的含义是：由于跨国公司在东道国设立子公司，从而引起当地技术或生产力的进步，但跨国公司又无法获取全部受益的情形。何洁认为技术外溢是"FDI 对东道国的经济效率和经济增长或发展能力发生无意识影响的间接作用，它可以发生于同一产业内部或不同的产业之间"(何洁，2000)。李平在科高给出的技术外溢定义的基础上，认为 FDI 技术外溢效应就是指通过技术的非自愿扩散，促进当地技术和生产力水平的提高，是经济外在性的一种表现。除了技术外溢之外，技术转移还包括跨国公司的母公司向东道国的分支机构或受资企业输出先进技术的行为，因此技术外溢也只是技术转移的一个方面。

鉴于跨国公司是国际技术转移的主体，本书给出的技术转移的定义是：技术转移是跨国公司的母公司进入东道国市场之后，通过向东道国的分支机构或受资企业输出技术，或者通过无意识的技术外溢，促进东道国技术和生产力水平提高的一个过程。对于东道国来说，前者指技术输入效应，后者指技术外溢效应。技术转移效应就是包括技术输入效应和技术外溢效应。

2. 技术转移的构成要素

(1) 技术转移的对象是技术知识及随同技术知识一起转移的机械设备,其中既有独立技术,也包含隐含技术。跨国投资是包括资本、技术和管理等在内的一揽子资源的跨国界转移。技术,特别是先进技术是跨国公司海外经营扩张所依赖的重要基础,是决定其竞争成败及利润高低的主要因素。对于发展中国家来说,由于受自身创新能力的限制,吸引和利用国际技术扩散效应成为其技术进步与经济增长的主导因素之一。

(2) 技术转移的供给方是跨国公司,需求方是东道国企业。跨国公司是技术转移的供给方。随着全球经济一体化进程的不断加快,跨国公司和各国经济的联系日益紧密,全球经济已形成以跨国公司为主体的复杂一体化的国际生产体系。跨国公司,特别是来自发达国家的跨国公司,既是先进技术的载体和绝大多数前沿技术的拥有者,也是国际技术转移的主体。跨国公司作为技术的提供者,目标在于追求利润最大化。这个目标的实现往往体现在多种投资动机上。跨国公司海外投资动机可以分为以下四种类型(Narula 和 Dunning,2000):资源指向型、市场指向型、效率导向型和战略资产导向型。前三者可以归纳为利用资产(asset-exploiting)型(跨国公司的主要目的就是利用现有的资产产生经济租),后一种类型属于扩充资产(asset-augmenting)型(跨国公司的主要目的在通过全球化战略以获得技术和组织能力等关键资产,从而有效提高组织的竞争优势)。一般来说,发展中国家吸引的外商直接投资都属于第一种类型,即资源指向型、市场指向型、效率导向型。跨国公司的行为方式不同,会导致技术转移效果上的差异。

东道国企业是技术转移的需求方。作为FDI技术外溢的直接受动者,在与跨国公司的直接接触中与它们形成互动关系。它们的行为直接影响跨国公司的活动,包括技术的选择、使用、市场竞争策略等。东道国企业的吸收能力决定了发展中国家吸收国际技术转移的能力和程度。从微观角度看，技术外溢是发生在跨国公司和东道国企业之间，东道国企业的技术水平、规模大小、研发能力等都会影响到吸收能力。从宏观角度看，东道国的吸收能力还应包括东道国的整体人力资本水平、市场竞争、经济开放度等。

（3）技术转移包含技术输入和技术外溢。跨国公司为了追逐自身经济利益，在市场竞争中取得优势地位，往往会向东道国的分支机构或受资企业输出先进技术。技术输入是跨国公司进行的直接的，有意识的相关技术转让与交流活动。技术输入也可看作是跨国公司的内部化技术转移。技术外溢是跨国公司进入东道国市场所带来的外部化技术转移，是跨国公司带来的或产生的潜在的，无形的，无意识的有利于东道国技术进步与发展的一切行为活动。FDI 技术外溢的途径有以下三种。① 示范和模仿。跨国公司进入东道国市场之后，由于和东道国企业之间存在着技术差距，东道国企业可能通过学习、模仿其行为提高自身技术和生产力水平。跨国公司不仅将新设备、新产品或者新的加工方法引入东道国市场，还带来了产品选择、销售策略以及管理理念等非物化技术。在某些情况下，东道国企业仅仅通过观察学习邻近的跨国企业就可以提高自己的生产效率。② 联系效应。这种途径的技术外溢是借助于企业生产价值链前后向联系实现的。后向的技术外溢是技术从跨国公司向上游的本地供应商流出。前向式的技术外溢是跨国公司向下游方向的企业或者是消费者流出。③ 人员流动。这种外溢的途径是借助在外国投资企业中工作过或者是培训过的本地人员流回到东道国企业而产生的外溢方式。回流的人才在本地企业中将技术使用和推广，就形成了技术外溢。

（4）技术转移是个互动的过程。FDI 的技术转移是一个互动的过程。它是由跨国公司和东道国企业的相互作用导致技术转移的最终结果。在此过程中，跨国公司向东道国分支机构或受资企业输入技术是技术转移发生的必要条件，而东道国企业的吸收能力是技术外溢发生、技术转移效应实现的充分条件。

作为技术的供给方，跨国公司的行为并不是同质的。这主要体现在跨国公司在东道国投资的行业、投资方式和投资战略不同。这在一定程度上影响了跨国公司的母公司向分支机构转移技术。首先，从跨国公司投资的行业看，一些高科技行业(如电子行业)一般拥有比“传统”行业更大的技术转移的潜力。因为，高科技行业一般都是利用比较先进的技术，雇佣素质高的员工，实施更多的R&D行为。其次，从投资方式来看，外商独资企业对企业具有绝对控制权，其母公司较愿意输出先进的技术，有较好的技术输入效应。而合资、合作形式的投资，但母公司技术输出的意愿较低。另外，跨国公司的投资战略也会影响跨国公司输出技术的行为。跨国公司进入东道国市场，都会依据投资目的选择特定的投资战略，从而影响其技术转移的潜力。如果东道国企业技术创新的投入增加，那么跨国公司为了在竞争中赢得优势，就会向分支机构转移更先进的技术。所以，技术的输入是技术转移的必要条件。

技术外溢的产生并不是自动实现的，除了跨国公司引入技术之外，还有就是东道国企业的吸收能力。如果东道国企业的吸收能力强，就会促使技术外溢的加快发生并扩大成效；相反，东道国企业吸收能力不够的话，外资的流入就不足以促进东道国企业的劳动生产率以及技术的提高，从而不发生技术转移效应。东道国的吸收能力，主要涉及东道国企业的技术水平、人力资本水平、经济开放度、金融市场效率、知识产权保护以及东道国的市场体制等。在这些因素当中，人力资本的作用已经日益凸显。

结合以上的分析，技术转移的作用机制可以用图3-1来表示：

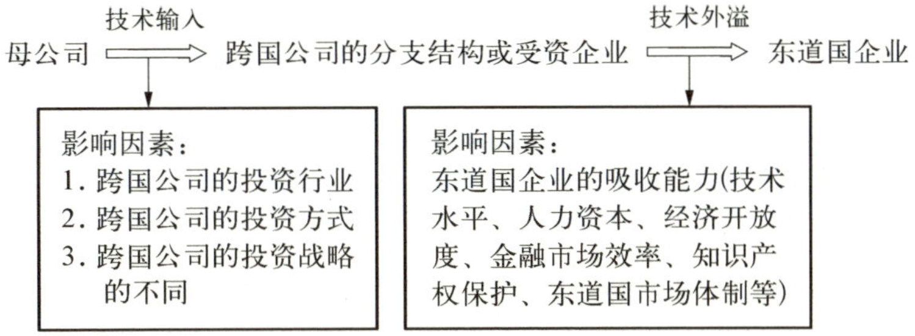

图 3－1　技术转移的传导机制

3.1.3　人力资本与技术转移的传导机制

外商直接投资的技术转移是个系统化的过程，其对东道国经济的增长效应大部分是通过人力资本实现的，人力资本作为一国内部经济增长的引擎，也是技术输入效应、技术外溢效应实现的关键条件。

1. 人力资本要素的特殊性

物质资本和人力资本都是一国经济增长和发展不可缺少的因素，但两者在社会生产力发展的不同阶段对经济增长的作用是不相同的。一般来说，在社会生产水平较低阶段，一国物质产品的增加主要是通过投入更多的物质资本来实现。随着社会生产力的发展，人力资本要素在经济增长中的作用日益显现，并将成为社会经济增长和发展的决定性因素。

人力资本之所以成为经济增长的决定因素，是因为人力资本具有要素和效率两大生产功能。人力资本的要素功能是指人力资本是生产过程中必不可少的先决条件或投入要素。在科学技术的发展和应用成为增长的引擎时，人力资本的要素功能被不断强化。人力资本的另一个生产功能是效率功能，即人力资本成为提高生产效率的关键因素。这主要表现在：第一，人力资本具有较高的边际生产率，人力资本投入的增加可以提高人力资本自身的生产效率。第二，人力资本的积累能够改善和提高物质资本要素的生产效率。明赛(1984)认为，人力资本增加可以提高物质资本的边际生产率，更为重要的是，人力资本投资增加可以节约物质生产要素。较高素质的劳动力通过技术创新，提高劳动生产率，创造生产物质产品的新手段，或者创造和发现替代品等都有利于节约短缺的物质生产要素。这对建立可持续发展的生产模式，对于缺乏物质资本的国家而言，具有重要意义。人力资本理论在很大程度上揭示了发达国家和发展中国家收入水平的差距。阻碍穷国赶上富国的原因，主要是缺乏人力资本，即教育不发达，人才和知识不足，人力资源素质低下，而不是缺乏有形资本。J. 本哈比和 M. M. 斯皮格尔(1994)指出，一个国家要赶上先进国家的速度是其人力资本存量水平的函数，落后国家如果具有较高存量水平的人力资本，就会在很短时间内赶上和超过技术领先国家。

2. 人力资本与技术转移

(1) 人力资本与技术输入效应

从技术输入效应来看，人力资本逐渐成为东道国吸引外商直接投资的决定因素。对外来知识的吸收能力取决于一个国家的人力资源状况，只有人力资本存量已经达到某一水平，才会引来 FDI 入驻。根据 UNCTAD 的世界投资报告，外商直接投资的产业分布和决定因素是随着 FDI 的快速增长而变化的。跨国公司的对外直接投资在不同时期表现出不同的目的。在 20 世纪 50 年代以前，跨国公司的对外投资主要是为了攫取海外的廉价劳动力和原料等，外商直接投资主要集中于初级产品部门和以资源为基础的制造业，所以决定外商直接投资的最主要因素就是东道国的自然资源的可获性。从 20 世纪 60 年代开始，占领国外市场成为投资的主要目的，外商直接投资的流向逐步转向发展中国家的制造业，巨大的市场规模和潜力成为吸引外资的最主要因素。世界投资报告指出，在 20 世纪 80 年代，FDI 逐步转向服务业和技术密集型的制造业。到了 20 世纪 90 年代，在全球 FDI 存量中，在服务业中的 FDI 所占的比重接近 60%。比较 1980 年和 1990 年的数据，流向发展中国家的外资中，技术和资本密集型的 FDI 比重迅速加大。外商直接投资逐步转向技术、知识和资本密集型的产业，吸引外资的决定因素已不再是局限于低成本的廉价劳动力，东道国是否拥有接受良好教育的劳动力已日益成为吸引外资的决定因素。

人力资本也是跨国公司选择 R&D 机构进入的重要诱导因素。跨国公司在设立海外研发机构的时候，必须要以和技术类型相适应的当地的人力资本作为支撑。从 20 世纪 80 年代开始，特别是 20 世纪 90 年代以来，发达国家的跨国公司为了适应经济全球化的发展趋势，开始转变传统的国内指向型 R&D 战略，着眼于世界范围内人才、科技实力与科研基础设施的比较优势，寻找 R&D 配置的最佳区位，从而促使跨国公司的 R&D 活动日益朝着全球化方向发展。与传统的直接投资方式相比较，跨国公司把 R&D 转移到国外，对东道国尤其是作为发展中国家的东道国的经济发展有着更为重要的影响，其中的主要理由之一是因为它会带来更广泛和更迅速的技术转移效应。跨国公司是世界先进技术最主要的创造者和拥有者，他们在技术研发领域的投资和成果，在全球整个技术研发投资和成果中占有很大的比例。

《2005 年世界投资报告》也第一次重点讨论跨国公司研发活动的国际化特点和趋势。报告中提出，不仅全球研发开支在过去的 10 年中迅速增长，而且跨国公司还将越来越多的研发活动转移到中国等发展中国家。在对贸发会议新开展的调查所作的答复中，高达 69% 的公司预计国外研发在全部研发开支中的份额将会增长。发展中国家在积极引进外商直接投资的过程中也越来越多地把注意力转移到了吸收跨国公司的 R&D 活动方面。人们越来越广泛地认识到，制约后进国家经济发展的深层次问题是技术创新能力不足。跨国公司 R&D 机构的进入不仅其本身代表着比投资品更加先进的技术水平,更能适合当地的条件与需求,同时也有可能通过示范效应、人力资源的培训和流动等方式形成更大的技术转移效应。《2005年世界投资报告》认为,跨国公司正在利用发展中国家大量的专业化研发人员,将其研发中心向发展中国家转移。跨国公司在选择设立海外R&D机构的时候,往往会考虑当地人力资本的可获得性、东道国在教育以及其他创新体系的战略性投资。比如Kumar (1999)的一项研究表明,美国和日本在74个不同国家里所设立的R&D机构在经费方面的支出,与东道国可获得的工程师数量、当地本身的R&D经费支出以及科研基础设施等有密切的联系。

(2) 人力资本与技术外溢效应

技术输入效应很大部分取决于跨国公司的行为,技术外溢效应的实现则更强调东道国的吸收能力。实行外向型经济能够为东道国带来国外的新技术和新产品,这就有利于一国获取国际技术转移效应,有利于一国保持经济的增长。吸收能力高的发展中国家,能够大量借鉴发达国家的技术,取得较发达国家的技术创新速度,缩小与发达国家的技术及人均收入水平,实现经济收敛;吸收能力弱的国家,不能有效的利用发达国家的技术,与发达国家的技术差距和收入水平可能越来越大。因此,吸收能力在发展中国家的技术进步研究中已经成为最重要的概念之一。发展中国家要想通过外向型经济获取国际技术转移效应,关键就是要突破吸收能力的"门槛水平"(threshold level)。研究FDI的技术外溢效应归根到底就是要研究如何突破门槛水平,提高吸收能力。发展中国家如何跨越技术吸收能力的"门槛",这是研究吸收能力最迫切的一个问题。

尽管吸收能力的影响因素很多,但是人力资本的作用已经日益突出。最近关于发展中国家技术转移的研究都强调,外向型经济给予发展中国家新技术的信息,要想吸收国外所发明的新技术,本国就必须具备相应的熟练劳动力和管理人员,即经济体的吸收能力,技术只有在东道国已经具备相应的技能劳动力的时候才能够执行。FDI 的大面积扩散更需要一定规模的人力资源存量，能否有效吸收取决于一定程度教育人口的比重，人力资本作为技术外溢的渠道，作为吸收能力的核心因素，共同作用 FDI 技术外溢效应的实现。

3.2　分析模型

目前我国关于人力资本影响 FDI 技术转移效应的专门性研究还处于初级阶段。在我国背景下，选择什么样的分析模型是本节的重点内容。上一节对技术转移的发生机制作了详细分析，本节将结合外商直接投资在我国技术转移的现状，得出本论文的分析模型。

3.2.1　跨国公司对华技术转移的现状

自改革开放以来，高速增长的经济和日益开放的投资环境使得中国作为引资东道国的地位不断提升，持续保持外商直接投资的巨额流入。在跨国公司加快制造业海外转移的过程中，中国凭借巨大的市场潜力、丰富的人力资源、不断完善的投资环境成为跨国公司产业转移重要的区位选择。跨国公司在进入中国市场之后，面对中国国内市场竞争的加剧，开始重新调整对华技术转移的策略。从目前看，跨国公司对华技术转移呈现以下特征：

1. 跨国公司技术输入步伐加快

跨国公司通过母公司和子公司的技术联系与内部技术转让，客观上会形成东道国在某一产业领域的生产能力，新产品和技术促进了东道国特定产业生产率的提高。从我国来看，跨国公司分支机构从母公司输入的技术，明显高于国内其他企业。根据张诚等人(2003)的调查，跨国公司的核心技术，具有内部转移的特点，绝大多数大型外资企业的核心技术来源于国外的母公司。同时，为了应对来自其他跨国公司投资企业和迅速成长的中国企业的竞争，跨国公司改变了技术转让策略，加快了对华技术输入的步伐，将其对中国的技术投入与中国市场的开拓同步进行。据商务部统计，2004 年我国共签技术引进合同 8 605 份，同比增长 20.69%。合同金额 138.56 亿美元，同比增长 3.01%。其中，外资企业对外签订技术引进合同 5 057 项，合同金额 66.92 亿美元，分别占当年全国技术引进合同数和合同金额的 58.77%和 48.3%，而国有企业的这两项比值为 27.53%和 44.84%。一项调查显示，目前约有 60%的跨国公司分支机构在中国采用了最近 3 年内的创新技术。跨国公司技术输入规模持续加大，是我国技术引进的主要力量，带动了我国技术的发展。

2. 跨国公司由被动的技术转让转向主动的技术输入

跨国公司普遍认为中国技术产业和市场的发展潜力巨大，在华技术转移的观念也发生了很大的变化，由被动的技术转让转向主动的技术输入。跨国公司是世界领先技术的代表，中国吸收外商投资的主要目的之一就是要引进国外的先进技术。在 20 世纪 80 年代中期，中国向跨国公司开放市场的目的就是要通过市场换技术，因此，中国政府以往对跨国公司的技术转让有强制性的要求，如《中华人民共和国外资企业法》在 2000 年底修改前就明确规定，设立外资企业，必须“采用先进的技术和设备，或者产品全部出口或者大部分出口”。这对跨国公司的技术投入是一种被动的硬性要求。在设立中外合营企业的谈判当中，中方也往往要求外方要为合营企业转让先进技术。加入 WTO 之后，我国已经取消了对跨国公司技术投入的强制性要求，也放宽了专利技术的保护期，知识产权将更加得到保护。因此，跨国公司从竞争的内在需求出发(即产品无论是在国内市场还是在国外市场销售，都必须以先进技术作为支撑)，都自觉主动地加大了对中国技术的投入。如摩托罗拉公司、诺基亚公司在北京建立十几亿美元的星园，巴斯夫、BP、壳牌都在中国建立了技术最先进的大型石化项目。台湾几乎所有的从事 IT 产业的大型企业都大规模地在大陆设厂，大规模集成电路的生产已具世界先进水平。

3. 跨国公司的研发活动日益活跃

跨国公司为了提高在华企业的核心竞争力，逐渐开始把研发中心转移到中国来。根据发布的《2005 年世界投资报告》，以中国为代表的发展中国家在 2004 年不仅直接投资猛增，而且成为世界研发活动的热土。尤其是中国，已经成为最受青睐的研发投资目的地。在贸发会议展开的调查中，作为未来研发扩展的目的地，答复中提到最多的是中国，其次是美国和印度。自摩托罗拉公司 1993 年在中国建立了第一个外资研发实验室以来，目前在中国的外资研发机构的数量已经超过 700 家。近年来，中国吸引了大量与研发相关联的外商直接投资。据我国商务部统计，截至 2004 年 6 月，跨国公司累计投入的研发金额约 40 亿美元，人均研发经费 2 万多元，是全国各类企业平均数额的 164 倍。主要分布在电子及通信设备制造业、交通运输设备制造业、医药制造业、化学原料及化学品制造业等行业。许多已经在华设立研发中心的跨国公司纷纷增加研发投入，有的一年就增资几千万美元，而且进口了大量相当先进的设备。过去，跨国公司在华设立的研发中心主要是研究和开发与生产相连的技术，以实用性为主，而纯基础理论研究则大都放在跨国公司的总部进行。现在跨国公司已开始将一部分基础研究放在中国的研发中心进行，如 IBM 就是将其中文语音识别技术放在中国进行。跨国公司在华研发中心的成果比较丰硕，1999 年专利申请数量为 953 项，到了 2002 年，专利申请数量达到 5 477 项。《2005 年世界投资报告》也指出，外资在中国建立研发中心时，选择的区位是技术基础好，人力资本水平高的城市，如北京和上海。到 2004 年底，北京就有 189 家外资研发中心，海淀区拥有近 40 所的大学，人才丰富，成为外资研发中心的首选之地。跨国公司在华研发机构的建立，将带来更多的技术转移效应，有利于我国提高技术创新能力和优化资源配置。

4. 跨国公司加强了与我国企业部门和非企业部门的技术交流与合作

跨国公司与东道国企业部门和非企业部门接触是技术外溢的一个重要渠道。从我国情况看，在技术合作领域，近年来跨国公司与内资企业结成了各种形式的战略联盟。如三洋与海尔、飞利浦与TCL、中兴与IBM建立的战略联盟，朗讯与康佳合作开发手机技术，莲花公司与TCL共同开拓互联网业务等。通过技术合作，跨国公司与内资企业实现了资源共享和优势互补。这种前后向关联关系下的联盟，使得我国内资企业获得技术外溢效应，提升技术水平与技术能力。除了和内资企业结成战略联盟之外，跨国公司也扩大了与国内的研究机构、大学之间等非企业部门的合作。如IBM公司从1995年到2003年在8所大学开展了20多项合作研究，在哈工大、四川大学和中山大学建立了合作实验室与实验中心。跨国公司和非企业部门的联系也是实现技术外溢的一种方法。

3.2.2 分析模型

1. 基本假设

本书研究我国人力资本影响FDI技术转移效应的作用机理。研究的基本假设是：

(1) FDI技术转移效应包括技术输入效应和技术外溢效应。技术转移的流程包括2个步骤。一是跨国公司的母公司向东道国分支机构或受资企业输出技术。二是通过示范模仿、人才回流、前后向联系等实现国际先进技术向内资企业的无意识的外溢。

(2) 人力资本是FDI技术输入效应和技术外溢效应实现的至关重要的因素。跨国公司向分支机构或受资企业输出技术和所投资的行业特征、投资方式和投资战略相关。要想吸引到资本技术密集型的外商直接投资，重要的条件就是东道国必须拥有接受良好教育的劳动力。从技术外溢看，人力资本是技术外溢的重要渠道，也是东道国是否能够顺利吸收技术外溢效应的核心因素，是研究我国如何跨越技术吸收能力的“门槛”的一个切入点。

(3) 跨国公司的R&D可以作为技术输入效应的一个重要且直接的分析指标。研究和开发(R&D)是跨国公司的核心功能与创新源泉。跨国公司的R&D机构已成为跨国公司是实施技术转移行为的主要载体。吸收跨国公司的R&D活动对增强技术转移效应有特别重要的意义，因为R&D的进入不仅其本身代表着比投资品更加先进的技术水平，更能适合当地的条件与需求，同时也有可能通过示范效应、人力资源的培训和流动等方式形成更大的技术外溢效应。

2. 基本分析模型

本书在上述假设下，试图回答以下几个问题：人力资本是否影响我国外商直接投资的技术转移效应(包括技术输入效应和技术外溢效应)？我国目前的人力资本状况是否促进了FDI的技术转移效应？细化人力资本指标的话，到底何种教育程度的人力资本促进了FDI的技术转移效应？

技术转移包括技术输入和技术外溢，研究人力资本影响FDI技术转移效应时，分析模型可以从技术输入效应模型和技术外溢效应模型入手。

(1) 技术输入模型

在技术输入模型中，本书选取跨国公司的研发活动作为技术输入效应的指代变量。在现有文献中，研究跨国公司研发活动对东道国的影响时，可以有2种方法。一种考察跨国公司母国的研发行为对东道国企业生产率的影响，尤其以Coe和Helpman的研究为代表。鉴于国际间的贸易作为生产力获益的主要载体，Coe 和 Helpman 的实证研究将重点放在机器设备的进口上。一个国家通过国际贸易获利，需要其贸易伙伴能够提供该国所短缺的产品和信息。他们互相依靠对方提供物化于产品、技术和组织形式的知识。发展中国家通过拥有“大量知识化”的发达国家贸易，获得超过它所能进口的产品和它与发展中国家贸易所能直接获得的知识。Coe 和 Helpman 认为与发达国家进行贸易较多的发展中国家，就能积累更多的 R&D 经验，就能具有更高的生产力。在 Coe 和 Helpman 的研究中，选取的是跨国公司母国的 R&D 资本存量来指代跨国公司的研发行为。另一种方法是研究跨国公司的分支机构在东道国的研发支出对东道国企业的影响。如拉菲克·多塞尼(2000)认为，跨国公司在印度的研发机构促进了国外先进技术向印度的技术转移，加强了国外先进技术和印度本土技术的交流与合作，加快了印度高技术产业的发展。

跨国公司的 R&D 活动具有很强的外部性。本书选取跨国公司的分支机构的研发活动作为技术输入模型的研究对象。跨国公司纷纷将研发中心移入发展中国家，会带来更广泛和更迅速的技术转移效应。跨国公司的分支机构在东道国的研发活动所产生的科技开发和创新成果将带动上下游的产品的开发，同时为产品和工艺的创新提供了外溢效应，并通过产业内外溢、产业外外溢效应刺激和带动相关行业和部门的发展及技术的进步，有助于提升整体产业结构，加快技术升级。跨国公司设立的研发机构提供了知识和技术交流的平台。技术人员在跨国公司研发机构与当地企业间的流动也加速了知识的流动与扩散。

就跨国公司的分支机构在中国的发展来看，其研发活动发展迅速，对中国经济发展、人才开发、产业结构升级等均具有重要的影响。因此本书的技术输入模型如下：

$$R\&D = f(H_1, H_2, H_3, \cdots) \tag{3-1}$$

在式(3－1)中，$R\&D$ 将集中于我国三资企业的研发活动，选用的变量是我国三资企业的研发经费。人力资本变量的选取，依据以往的实证文献，可以用平均受教育年限、入学率、受教育人数占总人口比例、教育经费支出、考试分数、科技人员数量等变量来指代。要注意的是，该模型中要避免人力资本变量的线性相关问题。

(2) 技术外溢模型

外溢效应就是指外商直接投资进入东道国之后，通过技术的非自愿扩散，引起的东道国的技术进步和生产力水平的提高。从本书的研究角度出发，即考查外资和人力资本的存在对我国内资企业的劳动生产力的影响。本书提出的技术外溢模型，研究外资和人力资本的联合效应是否影响我国内资企业的生产力。

依据 Feder(1982)的做法，可以将整个工业经济分为外资部门和内资部门。这种方法较好地突出了内资和外资的差异性，有助于说明 FDI 作为技术外溢的原因。

因此，本书的技术外溢模型如下：

$$Y_d = f(FDI, H) \tag{3-2}$$

在式(3－2)中，可以考察行业资料或区域资料。Y_d 反映了我国内资企业的生产力，可以用内资企业的劳动生产率、全要素生产率、工业总产值或人均增加值衡量。由于我国工业产品的增加值较低，所以本书拟用“工业总产值”来衡量内资企业的生产力。外资变量的选取，可以用外资资产占行业(区域)总资产的比例、外资企业员工人数占行业(区域)员工总人数的比例，还有外资流入与当地的国内生产总值的比率来表示。人力资本变量 H 的选取同技术输入模型。

3.3 分析方法及研究数据来源

目前国内的研究大多采用简单的时间序列或某一特定时点的截面数据,并运用普通最小二乘法(OLS)进行回归运算,估计各变量的系数。这样的运算存在一定的局限性:我国幅员辽阔,地区间差异十分显著,采用简单的时间序列数据分析不能反映我国地区间的差别性;采用某一特定时点上的横界面数据(通常为某一年全国省、市及自治区的有关数据)只能静态的反映某一时点的经济情况,不能全面动态的反映一个时段经济现象的变化。因此,本书采取的数据是混合数据,研究的时间跨度从1999—2002年,共4个年度①,涉及29个地区。这29个地区包括:北京、天津、河北、山西、内蒙古、辽宁、吉林、黑龙江、上海、江苏、浙江、安徽、福建、江西、山东、河南、湖北、湖南、广东、广西、海南、重庆、四川、贵州、陕西、甘肃、宁夏、云南和新疆。模型中的数据来源于《中国科技统计年鉴》、《中国工业经济统计年鉴》、《中国教育统计年鉴》和《中国统计年鉴》(2000,2001,2002,2003)。

我国改革开放以来,外商直接投资进入的行业是各种各样的。本书选择工业经济作为分析的对象。一方面,根据我国历年外商直接投资的产业分布情况,尽管近年来在第三产业方面的比重有一定增长,但重点仍在工业,投入工业部门的外商直接投资在我国引资总量中占了绝大多数。工业部门开放时间长,范围广,程度深。农业与服务业对外商直接投资开放的时间、范围和程度都不如工业。因此,选择工业类来考察我国外商直接投资技术转移效应的总体状况有较高的可信度。另一方面,

① 由于《中国工业统计年鉴》缺乏1998年的统计资料,因此本书的分析模型选取的是1999—2002年4年的统计资料。

也是更为重要的一点，是考虑到数据的可获得性、连续性和完整性。工业的统计数据是中国所有行业中最为完整的。我国目前关于农业和第三产业全面系统的普查数据，要么没有统计，要么不连续，实际上是无法进行计量经济分析的。

关于分析模型中所涉及的几个主要变量的数据选取工作如下：

1. 内资企业的工业总产值。整个工业的产出用“工业总产值”来代表。外资企业的产出用“港澳台投资企业”和“外商投资企业”的工业总产值之和来代表。内资企业的产出则为整个工业的产出和外资企业的产出的差值。在《中国统计年鉴》和《中国工业统计年鉴》中都有关于整个工业企业、港澳台投资企业和外商投资企业的统计资料。本书选取的统计样本是全部国有工业企业及年销售收入 500 万元以上的非国有工业企业。

2. 外资变量。在统计年鉴中，分别统计了全国企业的情况和外资企业的情况，包括工业生产总值、资产和就业状况。本书中选用的外资变量即根据统计资料获得。将选择外资资产占行业（区域）总资产的比例、外资企业员工人数占行业（区域）员工总人数的比例①、外资流入与当地的国内生产总值的比率②来表示外资变量。

3. 研发经费投入。在《中国科技统计年鉴》中，三资企业研发经费统计有以下几项：科技活动经费筹集、科技活动经费内部支出、其他技术活动经费支出。其他技术活动经费支出包括技术改造经费、技术引进经费、消化吸收经费、购买国内技术经费。科技活动经费筹集指从各种渠道筹集到的计划用于科技活动的经费，包括政府资金、企业资金、事业单位资金、金融机构贷款、国外资金和其他资金等。科技活动经费内部

---

① 用外资资产占行业（区域）总资产的比例、外资企业员工人数占行业（区域）员工总人数的比例来表示外资变量的方法参见 Cavas、秦晓钟等人的研究。

② 用外资流入与当地的国内生产总值的比率来表示外资变量的方法参见沈坤荣等人的研究。

支出指报告年度用于科技活动的实际支出。包括劳动费、科研业务费、科研管理费、非基建投资购建的固定资产、科研基建支出以及其他用于科技活动的支出。不包括生产性活动支出、归还贷款支出及转拨外单位支出。本书集中考虑我国的三资企业在R&D方面的实际支出,所以选用《中国科技统计年鉴》中大中型企业(三资)科技活动经费内部支出和技术改造经费数据之和来代表FDI的技术输入效应的指代变量。

4. 人力资本变量。人力资本变量的选取是本书的重点工作。平均受教育年限、入学率、受教育人数占总人口比例、教育经费支出、考试分数、科技人员数量等变量都可以指代人力资本变量。本书将根据区域数据和行业数据分别选用合适的人力资本变量。由于这部分工作是本书的重点,因此将在以后章节给出实证计量模型时详细说明。

3.4 本章小结

当前中国经济增长已经进入新的发展格局,经济增长的资本要素短缺问题已经得到缓解,制约中国经济增长的不再是资本要素的供给不足,而是技术创新能力的不足。在这种背景下,我国引进外商直接投资的主要目标,不再是资本要素的供给,而是要利用外商直接投资的技术转移效应,加速我国的技术进步,促进产业升级的工业化进程。从该角度看,内资不能代替外资,研究外商直接投资的技术转移问题对我国寻求新的增长方式具有重要的理论意义和现实意义。

FDI技术转移效应并不是自动实现,在很大程度上和人力资本相关。要分析人力资本如何影响我国FDI技术转移效应的实现,首先要界定清楚FDI技术转移及其效应的概念。目前文献中关于技术转移的含义比较模糊,本章提出技术转移包括技术输入和技术外溢。技术输入指跨国公司的母公司向东道国的分支机构和受资企业输出技术，技术外溢则指外资进入之后，通过示范模仿、联系效应和人才回流实现的技术的非自愿扩散。技术输入和技术外溢的实现，都离不开东道国人力资本的作用。人力资本是技术输入的诱导性因素，是技术外溢效应实现的渠道和吸收能力的核心因素。依据本章对技术转移概念的界定，结合外商直接投资在华技术转移的现状，本书提出了研究人力资本影响 FDI 技术转移效应的分析模型：技术输入模型和技术外溢模型。接下来的任务就是对该分析模型的具体检验。

第4章

人力资本影响 FDI 技术转移效应的总体分析

本章将从我国的总体情况出发，研究人力资本如何影响 FDI 技术转移效应。根据经济学的基本原理，产业资本、人力资本和技术进步是决定潜在产出增长的基本要素，社会可支配资金的规模及其配置方式和配置效率是潜在产出增长的基础。对于发展中国家来说，在社会可支配资金的规模相对不足时，引进外资可以缓解资金不足对经济增长形成的资源约束，从而促进经济以更快的速度增长。即使在发展中国家国内资金充裕的情况下，外资的流入也可以通过促进社会人力资本积累和技术进步刺激经济增长。外商直接投资对我国国内技术进步的作用日趋明显。外资经济不仅推动着中国经济的持续增长，而且也改变这种经济增长的方式。本章的结构安排如下：第一节将分析外商在华投资的现状及趋势。对于我国外商直接投资现状和趋势的研究，有助于确立外资经济在中国经济中的地位。第二节和第三节是本章的实证部分，将从计量角度研究 1999—2002 年我国人力资本如何影响 FDI 技术转移效应。第二节检验技术输入模型，第三节检验技术外溢模型。在实证结果的基础上，本章第四节将对该论题在我国的总体情况做出小结。

4.1　外商对华直接投资的现状及趋势分析

4.1.1　我国利用外商直接投资的概况

改革开放以来，我国利用外资从零起步，实现了快速发展，已经连续十几年成为引进外资最多的发展中国家。2004 年，我国新批设立的外商投资企业 43 664 家，合同外资金额 1 534.79 亿美元，实际使用外资金额 606.30 亿美元。截至 2005 年 1 月底，全国累计批准设立外商投资企业 512 504 个，合同外资金额 11 094.45 亿美元，实际使用外资金额 5 661.96 亿美元。

20 世纪 90 年代以来，中国吸引外资的成效显著。图 4－1 和表4－1 反映了中国吸收的 FDI 在全球以及发展中国家的地位。从图表可以看出，我国总体资本流入无论是在发达国家还是在发展中国家都属于较高之列。1993—1996 年，中国吸引的外商直接投资占全球的比重均超过了 10%。20 世纪 90 年代下半期，我国利用外商直接投资的数量增长比较缓慢。但是 2001 年开始，外商在华的直接投资数量和速度明显加快，中国在全球 FDI 流入中的比重大幅增长。2002 年，中国吸收的外商直

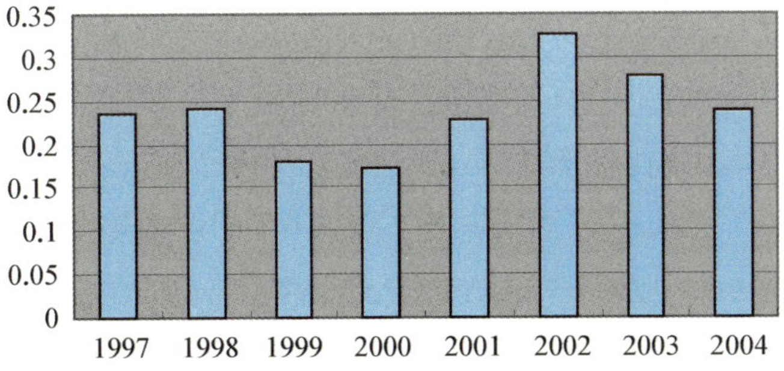

图 4－1　中国吸收的 FDI 在发展中国家的比重

接投资在发展中国家的比重近 1/3。2003 年与 2004 年的比重也保持在 25%左右。

表 4-1　中国实际吸收 FDI 占全球 FDI 流入量的比重

年份	全球 FDI 流入总量（亿美元）	中国实际利用 FDI（亿美元）	中国占全球比重(%)
1993	2 391	275.15	11.51
1994	2 511	337.67	13.45
1995	3 387	375.21	11.08
1996	3 590	417.26	11.62
1997	4 640	452.57	9.75
1998	6 440	454.62	7.06
1999	8 655	403.18	4.66
2000	12 710	407.15	3.2
2001	7 350	468.78	6.16
2002	6 510	527.43	8.10
2003	5 600	535.05	9.55
2004	6 120	606.3	9.91

资料来源：根据《世界投资报告》和《中国统计年鉴》相关数据整理。

我国利用外资初期的外资来源地主要是日本和港澳地区。1979—1982 年，日本在华投资 55.9 亿美元，港澳地区在华投资 35.0 亿美元，分别占全部的 27.7%和 17.3%。此后，从 20 世纪 80 年代开始，台湾同胞的投资开始进入，并且迅速增加。2003 年对华投资前十位国家/地区（以实际使用外商直接投资额计）依次为：香港（177.001 亿美元）、英属维尔京群岛（57.769 6 亿美元）、日本（50.541 9 亿美元）、韩国（44.885 4 亿美元）、美国（41.985 1 亿美元）、台湾（33.772 4 亿美元）、新加坡（20.584 亿美元）、开曼群岛（8.660 4 亿美元）、德国（8.569 7 亿美元）和英国（7.424 7 亿美元）。

外资进入中国，可以有中外合资、合作企业和独资企业三种形式。截至 2003 年底，中外合资、合作企业仍是外商直接投资的主要方式，占全国累计吸收外资总量（累计设立外商投资企业数、合同外资金额和实际使用外资金额，下同）的 62.95%、55.42%和 58.36%。外资企业（外商独资）分别占全国累计吸收外资总量的 36.99%、43.91%和 39.68%。制造业是外商投资的主要领域，制造领域外商投资企业数、合同外资金额占累计吸收外资总量的比重分别为 72.85%和 63.66%。在累计批准设立的外商投资企业中，合同外资金额 1 000 万美元以上的大型企业 14 562家，合同外资金额总计 4 749.87 亿美元，分别占全国累计设立外商投资企业数和合同外资金额的 3.13%和 50.36%。东、中、西部地区累计实际使用外资金额占全国累计实际吸收外资总量的比重分别为 86.27%、8.93%和 4.80%。

4.1.2　外商直接投资对我国经济增长的贡献

我国总体外商直接投资流入水平在发达国家和发展中国家都是属于较高之列，反映了外国资本流入与我国经济增长紧密相关，也是衡量我国参与金融全球化水平的重要指标。

1. 参与我国国内资本形成，促进经济增长

储蓄是投资供给的资金来源。在开放经济条件下，外资流入与国内储蓄一样是社会固定资产投资的重要资金来源。利用外资对一国经济增长的影响，首先在于其是资本积累的重要来源之一。20 世纪 80 年代以来，我国总固定资本形成占 GDP 的比重一直保持在 25%—35%左右。外商直接投资作为国外资本流入，直接参与国内资本形成，通过拉动投资促进经济增长，这是外商直接投资最直接、最明显的作用。资本按我国目前的统计口径，固定资产投资的资金来源分为国家预算内投资、国内贷款、利用外资、自筹资金和其他投资。从我国全社会固定资产

投资的资金来源看，利用外资规模逐年递增。由1981年的36.4亿元增加到2003年的2 599.35亿元。1991年至2003年，我国利用外资在固定资产投资中的平均比重达到7.2%。如表4-2所示。

表4-2 我国固定资产投资资金来源的构成

年 份	国家预算内投资(%)	银行贷款(%)	利用外资(%)	自筹和其他投资(%)
1991	6.8	23.5	5.7	64.0
1992	4.3	27.4	5.8	62.5
1993	3.7	23.5	7.3	65.5
1994	3.0	22.4	9.9	64.7
1995	3.0	20.5	11.2	65.3
1996	2.7	19.6	11.8	66.0
1997	2.8	18.9	10.3	67.7
1998	4.2	19.3	9.1	67.4
1999	6.2	19.2	6.7	67.8
2000	6.4	20.3	5.1	68.2
2001	6.7	19.0	4.6	69.7
2002	7.0	19.7	4.6	68.7
2003	4.6	20.5	4.4	68.7

资料来源：根据《中国统计年鉴》相关数据整理。

对中国这样的发展中国家来说，外资流入与国内储蓄一样是社会固定资产投资的重要资金来源。更重要的是，外资流入会带来先进的生产技术和管理技术，其对经济的重要性远远超过单纯的资金流入。

2. 拉动外贸出口，促进经济增长

外商直接投资是促进中国外贸出口快速增长的关键因素。吸收外商直接投资有利于扩大我国的出口总额，发展我国的对外贸易。1985

年，外商投资企业出口总值为5.8亿美元，到了2004年，该数据达到3 386.1亿美元，增长了近583倍。2004年，外商投资企业的出口额在全国出口总额中所占份额达到57%（图4-2）。2004年外商投资企业出口比2003年同期增长40.9%，高于全国同期出口（35.4%）5.5个人百分点，所占比重同比提高2.17个百分点。除了对出口总量有影响之外，外商直接投资对出口的影响还体现在出口商品结构方面。外商投资企业出口中工业制成品的比重大多高于全国水平，这对提高制成品在出口商品中的比重发挥了积极作用，改善了我国的出口结构。

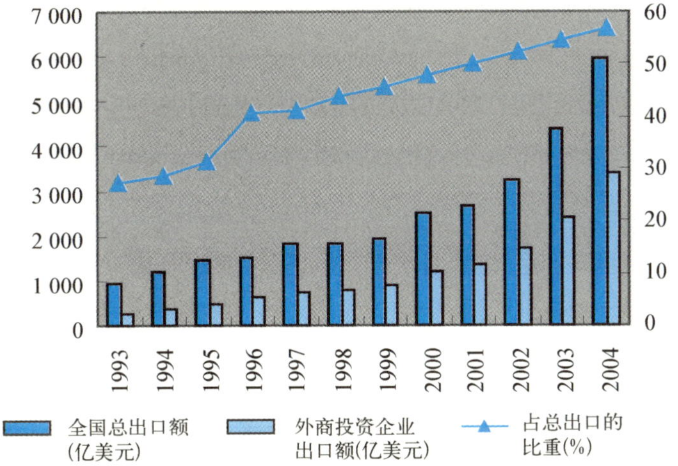

图4-2 外商投资企业出口份额演变

3. 升级产业结构，促进经济增长

改革开放以来，伴随着经济的高速增长，我国的产业结构发生了实质性转变和升级，技术进步十分明显。以中国出口产品在世界贸易中的市场份额和出口结构的演变为例，1985—2000年，中国在世界贸易中所占有的市场份额从1.6%提高到6.1%，这种市场份额的增加主要建立技术密集型产品市场份额增加的基础上，其中，中、高技术产品的市场份额均从0.4%增加到6%，低技术产品市场份额则从4.5%上升到

18.7%，初级产品的市场份额基本没变；同期，在中国出口产品的市场结构方面，初级产品和资源加工型产品由48.6%下降到11.6%，技术密集型产品从50%上升到87.1%，其中高科技产品从2.6%增加到22.4%。

外商直接投资在推动我国技术进步和产业结构升级过程中发挥了关键作用。1990—2002年外商投资企业的工业增长年均达26%，高于同期全国工业年均增长率(12.7%)的一倍以上。在全国规模以上工业企业中，外商投资企业工业产值占全国工业产值的比重，从1990年的2.3%上升到2000年的31%，十年增加了十倍多；外商投资企业工业增加值占全国工业增加值的比重，从1993年的8.4%，增加到2002年的25.7%。1991—2000年外商投资企业工业产值中平均有42%左右直接用于出口，2000年外商投资企业的出口额占其工业产值的比重为43%。其中在技术密集型产品出口中的比重增长更为迅速，从1996年的59%增至2000年的81%。2003年外商投资企业高新技术产品出口额为917.38亿美元，同比骤增81.81%，占全国高新技术产品出口总额(1 191.79亿美元)的比重为76.97%，占外商投资企业出口额(2 403.41亿美元)的比重38.16%，与2002年同期相比，外商投资企业高新技术产品出口净增加值为360.81亿美元。

4.1.3 外商对华投资的趋势

加入世贸组织之后，外商对华的直接投资开始有了一些新的变化趋势。除了在规模和数量将持续增长外，有两个和技术转移相关的变化趋势需要注意：

1. 外商投资主体结构的变化趋势。今后港澳台等亚洲国家和地区的中小投资者减少，而欧美等发达国家大型跨国公司的投资将有所减少。目前我国吸收的外商直接投资中，港澳台外商直接投资仍然占较大比重：1997年，港澳台外商直接投资企业的项目数所占比重为

55.64%，合同外资金额比重为 41.97%，实际利用外资金额为 53.75%。2001 年和 2002 年，港澳台企业项目数所占比重分别为 48.51% 和 47.4%，合同外资金额比重分别为 40.61%和 39.36%，实际利用外资金额分别为 42.7%和 42.28%。以上数据显示，在中国的吸引的 FDI 中，港澳台投资依然占主导地位。但我们不难发现，各年的统计数据也显现这样一个趋势：历年数据呈下降趋势，就意味着来自其他国家的外商直接投资比重在逐年攀升。

2. 外商投资方式的变化趋势。从 2003 年的统计数据看，中外合资企业、中外合作企业的实际使用外资金额量呈下降趋势，而外商独资企业继续较大幅度增长，在各种外商投资方式中所占比重继续增加。2003 年外商直接投资项目共 41 081 个，中外合资企业、中外合作企业、外商独资企业所占比重为 30.5%、3.8 和 70.9%。三类企业在外商投资合同金额中所占比重分别为 22.2%、6.5%和 70.9%。占实际使用金额比重依次为 28.8%、7.2%和 62.4%。

这两个趋势的重要意义是，能够反映外商直接投资进入我国的技术含量正在不断增加。欧美企业大多数是规模较大，技术含量较高的企业，技术转移潜力要普遍高于其他地区企业；在独资企业投资方式下，跨国公司的母公司因为占据绝对控制权，先进技术输出的倾向更强烈，有较好的技术输入效应。这两个趋势表明外商直接投资对国内技术进步的作用将日趋明显。

4.2　技术输入整体效应的计量

4.2.1　计量模型和数据来源

根据理论模型式(3－1)，我们建立一个线性化的经济计量模型。

$$Ln(R\&D) = C_0 + C_1 H_0 + C_2 H_1 + C_3 H_2 + C_4 H_3 + C_5 Ln(EE) + C_6 JYNX + \varepsilon \quad (4-1)$$

式(4－1)中的具体变量为：

1. $Ln(R\&D)$：各地区大中型三资企业研发经费支出(单位：万元)的自然对数。在此模型中,此变量为被解释变量,代表FDI技术输入效应。

2. H：各地区各种教育水平的劳动力人数比例与获得该教育程度所需的教育投资之乘积。舒尔茨计算人力资本的做法,是把单位人力资本存量定义为人均教育程度乘以对应教育程度的经费投入(包括国家经费和家庭经费投入)。本节人力资本的定义仿照这种做法。用 Hi $(i=0,1,2,3)$分别表示小学程度、初中程度、高中程度、大专以上程度的人力资本,$Li(i=0,1,2,3)$表示不同教育程度的劳动力在地区总的劳动人数中的比例。$Ei(i=0,1,2,3)$表示不同教育程度的人均教育经费(单位：千元)。按照我国的实际情况,一个大专以上程度的劳动力通常要接受6年的小学教育、3年的初中教育、3年的高中教育和4年的大学教育,则不同教育程度劳动力的人力资本存量如下所示

① 小学教育程度的劳动力的人力资本存量为：$H_0 = 6E_0 \times L_0$

② 初中教育程度的劳动力的人力资本存量为：$H_1 = (6E_0 + 3E_1) \times L_1$

③ 高中教育程度的劳动力的人力资本存量为：$H_2 = (6E_0 + 3E_1 + 3E_2) \times L_2$

④ 大学教育程度的劳动力的人力资本存量为：$H_3 = (6E_0 + 3E_1 + 3E_2 + 4E_3) \times L_3$

⑤ 整个社会的人力资本存量为：$H = H_0 + H_1 + H_2 + H_3$

依据文献综述中提到的人力资本和 FDI 技术输入效应之间的关系，更高层次的人力资本对跨国公司的技术输入有着诱导性作用。为了检验何种程度的人力资本促进了外商直接投资的技术输入，本模型细化了人力资本指标。理论上讲，东道国更高层次的人力资本促进了跨国公司的研发投入，和被解释变量呈正相关关系。

3. $Ln(EE)$：各地区教育经费支出（单位：万元）的自然对数。这个数值越高，说明该地区教育投资越高，自然人力资本水平也越高。从理论上讲，它与被解释变量的关系应当是正相关。

4. $JYNX$：各地区的人均教育年限（单位：年）。从理论上讲，这个数值越高，说明该地区的人力资本水平越高，对跨国公司的技术外溢效应应当有正面的推动效应。它与被解释变量应当是正相关。

5. ε：误差项。

技术输入模型中，研发经费支出数据和教育经费支出数据均比较容易从《中国统计年鉴》、《中国科技年鉴》中获取。

人力资本变量的数据来源如下：首先，根据各年的《中国教育统计年鉴》整理出不同教育程度的人均教育投入经费。本节中人均教育经费用人均预算内教育事业费（单位：千元）来衡量。其次，根据不同教育程度的人均经费和人力资本的计算公式算出不同教育程度劳动力的人力资本水平。在《中国统计年鉴》中，统计了各地区各种不同教育程度的劳动力人数。最后利用整个社会的人力资本计算公式，计算出各地区整体人力资本状况。

教育年限（$JYNX$）的数据选取如下：在《中国统计年鉴》中，统计了接受各级教育的人口数（6 岁及 6 岁以上人口）。按我国教育情况，大学（指大专以上）人均教育年限 16 年，高中（含中专）人均教育年限 12 年，初中人均教育年限 9 年，小学人均教育年限 6 年，本书认为文盲的教育年限为 0。根据这些数据，本书计算的人均教育年限为：

人均教育年限＝(文盲人数×0＋接受小学教育人数×6
＋接受初中教育人数×9＋接受高中教育人数×12
＋接受大学教育人数×16)/6岁及6岁以上人口

利用此公式,就可以计算出各地区的教育年限。

4.2.2 计量结果及分析

首先,从被解释变量看,将各地区内资企业的工业总产值和各地区大中型三资企业的研发投入呈正相关关系(相关系数为0.605),这说明选择各地区三资企业的研发经费作为被解释变量具有可行性。

我们将数据代入式(4－1)。在检验中,我们发现变量H_0和H_1未能通过显著性检验。原因可能是,R&D行为需要比较高等的人力资本,所以小学和初中程度的人力资本对其影响不大,因此在回归中我们将小学、初中程度的人力资本变量删去。因此式(4－1)变为

$$Ln(R\&D) = C_0 + C_1 H_2 + C_2 H_3 + C_3 Ln(EE) + C_4 JYNX + \varepsilon \qquad (4-2)$$

在第3章,我们已经说明,由于技术输入模型的自变量都是人力资本的替代变量,因此要谨慎变量的多重共线性问题。在式(4－2)中,我们经过散点图检验,剩下的自变量不存在此问题。

表4－3是式(4－2)的回归结果。该方程的拟合度和显著性检验都比较好。具体来看,我国的人力资本有助于吸引跨国公司的研发活动。我国的人均教育年限变量的回归系数为0.758,教育经费的回归系数为1.939,这说明我国的人均教育年限越高、各地区的教育经费投入越多,对吸引跨国公司的研发投入均具有明显的促进作用。

表 4-3　技术输入模型的回归结果

变　量	回归系数	标准差	T 统计值	P 值
H_2	0.713	0.200	3.565	0.001
H_3	−0.455	0.138	−3.301	0.001
$Ln(EE)$	1.939	0.255	7.596	0.000
$JYNX$	0.758	0.315	2.405	0.018
R^2	0.542	回归平方和	427.850	
调整后的 R^2	0.525	残差平方和	361.966	
F-值	32.210	Durbin-Watson 值	1.711	

现在我们将注意力转向不同教育程度的人力资本对吸收跨国公司研发投入的诱导作用。回归结果显示，在我国，高中教育程度的人力资本对吸引跨国公司的研发投入有促进作用(回归系数为 0.713)，但是大学教育程度的人力资本对研发的作用为负(回归系数为−0.455)。原因可能有以下几点：

一是我国接受高等教育程度的人力资本比例太小，因此不能发挥其吸引跨国公司研发投入的作用。改革开放后，我国的人力资本水平得到很大的改善，可以从教育指标衡量。从入学率看，截至 2002 年，小学学龄儿童的入学率达到 98.58%，小学毕业生升学率从 1985 年的 68.4% 提高到 2002 年的 97.02%，初中阶段的毛入学率为 90%，初中毕业生升学率为 58.3%。高中阶段的毛入学率为 42.8%，特别是 1999 年开始的大学扩招，促使高中毕业生升学率上升更快。从受教育人口来看，我国受教育的总人口在逐年上升。但我国的人力资本水平和世界主要发达国家相比，还存在很大差距。国际比较研究表明，以现代科技经济为主导的发达国家，劳动人口的文化程度一般以高中为起点，受过高等教育的人数比例至少要达到人口总数的 25% 以上，本科以上的比例不低于 15%。根据第五次人口普查数据，到 2000 年底，中国总人口为 129 533

万人，其中，接受大学（指大专以上）教育的 4 571 万人；接受高中（含中专）教育的 14 109 万人；接受初中教育的 42 989 万人；接受小学教育的 45 191 万人；文盲人口（15 岁及 15 岁以上不识字或识字很少的人）为 8 507万人。接受高中（含中专）教育的人口占总人口的 10.9%，接受大学（指大专以上）教育的人口占总人口的 3.5%。与世界发达国家相比，我国高等教育发展规模差距仍然很大。

二是我国外商直接投资分布主要是以加工贸易业为主，加工贸易业多属于劳动密集型行业，跨国公司由此产生的研发活动主要是和加工贸易业相适应，对劳动者教育程度要求不是特别高，因此回归结果中出现吸引跨国公司研发投入的是我国接受高中教育程度的人力资本，而不是我国接受大学教育程度的人力资本。

另外的原因和跨国公司在华投资的市场取向相关。绝大多数的跨国公司来华投资的主要目的是市场占领型。许多在发达国家已饱和的产品在中国的成长性依然很好，被普遍认为是全球最大的潜在市场。这类跨国公司投入的技术与母公司的最先进技术有一定差距，因此不是和大学程度的人力资本相结合。

技术输入模型的结果肯定了人力资本在推动 FDI 技术输入中的作用，人力资本水平越高，FDI 技术输入效应的作用更加明显（如表 4－3 中教育年限和教育经费投入两个变量的统计结果）。在不同教育程度的人力资本变量中，本书认为我国接受高中教育程度的人力资本对 FDI 技术输入的作用最明显，而不是小学、初中程度和大学程度的人力资本。这个结论可以说明 2 个问题：FDI 技术转移效应倾向于和较高的人力资本相结合，我们的统计结果显示，高中教育程度的人力资本发挥了作用，而不是小学和初中教育程度的人力资本；但从我国目前情况看，我国的大学程度的人力资本在促进 FDI 技术输入中的作用并没有发挥。这和我国教育的现状以及外商直接投资的投向有关。

4.3　技术外溢整体效应的计量

4.3.1　计量模型和数据来源

技术外溢反映的是，外资的存在是否对内资企业生产力水平有所促进，因此在建立具体的计量模型时要将整个工业经济体系分为外资企业部分和内资企业部分。根据理论模型式(3-2)，我们建立一个线性化的经济计量模型。

$$Y_d = C_0 + C_1 FDI + C_2 H + C_3 FDI \times H + \varepsilon \qquad (4-3)$$

式(4-3)中具体的变量依次为：

Y_d：各地区内资企业的人均工业总产值(单位：万元/人)，此变量代表内资企业的生产力。本节中 Y_d 为被解释变量，其余变量为解释变量。

FDI：各地区外商直接投资年流入量(单位：千万美元)与各地区当年的国内生产总值(单位：亿元人民币)的比值。本节中选用此值为外资变量。当外资变量的回归系数为正并且通过显著性检验时，表示 FDI 对内资企业有正的外溢效应。

H：各地区各种教育水平的劳动力人数比例与获得该教育程度所需的教育投资之乘积。其计算方法和技术输入模型一致，反映一个地区人力资本的总体状况。从理论上讲，人力资本也是经济增长的引擎，如果经济是内涵式增长，H 与被解释变量应呈正相关的关系。

$FDI \times H$：外商直接投资流量比与人力资本的乘积。这一变量的系数为正，就表示 FDI 技术外溢效应的发挥需要和一定的人力资本相结合，它的系数能反映出我国的人力资本水平是否促进了技术外溢效应的实现。在此我们比较一下变量 FDI、$FDI \times H$ 对被解释变量的影响。FDI 对被解释变量产生正的显著的统计效果时，将表明外商直接投资对内资企业的生产力产生正的外溢作用，这种作用可以理解为资本的积累效应。交叉项 $FDI \times H$ 对被解释变量产生正的显著的统计效果时，将表明外商直接投资和人力资本相结合能对内资企业的生产力产生正的外溢效应，这种作用可以理解为，影响内资企业生产力的是人力资本和外商直接投资的联合效应。联合效应能够考察我国的人力资本是否有利于外商直接投资技术外溢的实现。在考察 FDI 的技术外溢效应的时候，必须将联合效应的回归系数和外资变量的回归系数相结合。在给出人力资本变量的平均水平时，可以得出该回归方程中外商直接投资对内资企业的总体影响。

ε：误差项

第 3 章介绍了部分变量的选取工作，内资企业的人均工业总产值、外商直接投资流入与地区国内生产总值的比例的数据均可从历年的《中国统计年鉴》、《中国工业经济统计年鉴》中换算而得。人力资本变量的选取参见技术输入模型。

4.3.2 计量结果及分析

根据式(4－3)，我们把各经济变量的数值代入公式。

1. 单变量回归

首先，将被解释变量和 FDI、H 分别回归，以确定外资和人力资本对内资企业劳动生产力的影响。结果如表 4－4 和表 4－5 所示。

从表 4－4 和表 4－5 的结果可以看出，我国的人力资本和外商直接投资对我国内资企业的劳动生产力还是有明显的推动作用。FDI、H 和内资企业的人均工业生产总值相关系数都比较高，统计结果都呈正相关关系并且在 1%的水平上显著。从方程回归的结果看，外商直接投资

表 4－4　Y_d 与 *FDI* 的回归结果

变　量	相关系数	回归系数	标准差	*T* 统计值	*P* 值
FDI	0.558	0.779	0.109	7.182	0.000
R^2	0.312	回归平方和	818.930		
调整后的 R^2	0.305	残差平方和	1 809.734		
F-值	51.587	Durbin-Watson 值	1.087		

表 4－5　Y_d 与 *H* 的回归结果

变　量	相关系数	回归系数	标准差	*T* 统计值	*P* 值
H	0.603	0.367	0.045	8.070	0.000
R^2	0.364	回归平方和	955.649		
调整后的 R^2	0.358	残差平方和	1 673.014		
F-值	65.118	Durbin-Watson 值	1.696		

变量与被解释变量的回归系数为 0.779，意味着吸引的外商直接投资在地区国内生产总值的比例每增加 1 个百分点，内资企业的人均国民生产总值将增加 0.779 万元，这说明外资对当地内资企业的劳动生产力有明显的推动作用。从人力资本变量看，和被解释变量的相关性达到 0.603，回归系数为 0.367，意味着人力资本对内资企业的影响同样明显。人力资本是一国技术进步、经济增长的最能动因素，这与新经济增长理论的人力资本模型的论点是一致的。从两表的 R^2 和调整后的 R^2 值来看，均不是很高。最主要的原因可能是本书研究角度集中与人力资本和外商直接投资，所以在回归方程中，我们没有考虑资本(*K*)和劳动力(*L*)两个变量。依据经济增长理论，产业资本和劳动力决定着潜在产出的增长。因此方程的拟合度不高也是有理可循。表 4－3 和表 4－4

的结果表明，对中国来说，人力资本和外商直接投资都是经济增长的驱动因素。外商直接投资和人力资本对我国内资企业的劳动生产力有着关键性的影响。

2. 总体回归

接着，我们将 Y_d、FDI、H、$FDI \times H$ 的数值代入公式进行回归，检验我国的人力资本和外商直接投资之间是否存在相互促进的作用，是否共同作用实现对经济增长的贡献。其结果如下：

表 4 - 6 的结果显示，整体看三个变量都通过了 1%水平的显著性检验，方程的拟合度超过了 50%。外商直接投资变量的回归系数为 1.038，T 统计值为 5.955，意味着外商直接投资在地区国内生产总值中的比例每增加一个百分点，内资企业的人均生产总值将增加 1.038 万元，外商直接投资对内资企业存在明显的外溢效应。人力资本变量的回归系数为 0.791，T 统计值为 5.385，意味着人力资本对内资企业的生产总值的确存在正的推动作用。但是外商直接投资和人力资本的联合效应为负数－0.078，T 统计值为－3.715，我国外商直接投资和人力资本相结合，对我国内资企业的经济增长不存在正的促进作用，反而有负的影响，外商直接投资未能和人力资本联合发生效应。该回归方程中，样

表 4 - 6　总体回归结果

变　量	回归系数	标准差	T 统计值	P 值
FDI	1.038	0.174	5.955	0.000
H	0.791	0.147	5.385	0.000
$FDI \times H$	－0.078	0.021	－3.715	0.000
R^2	0.529	回归平方和	1 391.091	
调整后的 R^2	0.517	残差平方和	1 237.572	
F -值	41.964	Durbin-Watson 值	1.449	

本人力资本变量的平均值为7.759 8,因此考察外资对内资企业的劳动生产力的总体影响是1.038－0.078×(7.759 8)＝0.432 7,意味着在当前的人力资本水平状况下,外资变量的比重每提高1%,当地企业的人均生产总值总共增加0.432 7万元。

从统计结果看,表4－6可以得出2个结论:

第一,外商直接投资和人力资本变量的结果比较合理,反映出两者是经济增长的驱动因素。第3个自变量,外商直接投资和人力资本变量的联合效应为负,说明从整体情况看,外商直接投资对我国内资企业的劳动生产力的外溢效应主要体现在资本的积累效应上,而不是体现在与人力资本的联合效应上。我国是一个发展中国家,投资需求和消费需求增长快,国内有效资金供应不足,利用外资是弥补国内资金供需缺口的一条主要渠道。所以,吸收和利用外商直接投资,可以使我国现有资金存量增加,加速资本的形成,大大提高我国的投资水平。在本章第一节介绍了外商直接投资对我国的经济影响,首要的就是体现在对我国固定资产投资的影响上。外商直接投资在我国固定资产投资额中占有一定的比重。江小涓(2002)将大国定义为人口超过5 000万的国家,研究了1997年各大国利用外资的情况,其结果显示中国作为最大的发展中国家,外商直接投资在固定资产投资额中所占比重明显高于发展中大国的平均水平的发达大国的平均水平(发展中大国外资在固定资产投资总额中的比重平均为6.1%,发达大国为6.0%,而中国的数值为14.8%),在全部发展中大国位居第二,在全部大国位居第三。外商直接投资对我国的资金积累可以通过投资乘数作用极大推动我国经济的增长。外商直接投资能够形成高质量的新增资产,提升存量资产的质量。随着资金的转移,观念、技术、管理、营销、市场网络等都会给国内企业带来新的观念,从而对国内的企业产生技术外溢效应。

第二,人力资本与外商直接投资的联合效应为负的原因在于,我国的人力资本水平还未达到理想的水平。从总体情况看，我国的人力资本影响了 *FDI* 的技术外溢效应的发挥。在众多的外文文献中，得出的结果是发展中国家的人力资本水平不利于 *FDI* 技术外溢效果的发挥，因此本书的总体结论也是比较合理的。

表 4－7 反映了我国与世界主要国家人力资本的差别。和世界主要发达国家相比，我国仍属于人力资源欠发达国家，这在一定程度上阻碍了外商直接投资对国内企业技术外溢效应的实现。

表 4－7　中国和世界发达国家人力资源发展水平的差别

国　家	劳动力（万人）	25—64 岁劳动力人口人均教育年限（年）1999 年	人文发展指数 2000 年	综合生产力（美元）1999 年	每百万人口科学家和工程师（人）1999—2000 年
人力资源发达国家					
美　国	14 018	13.17	0.939	60 165	4 103
英　国	2 920	12.85	0.928	44 025	2 678
日　本	6 780	12.78	0.933	45 469	4 960
人力资源中等国家					
韩　国	2 152	11.50	0.882	31 219	2 139
法　国	2 608	11.46	0.928	54 866	2 682
意大利	2 347	10.75	0.913	58 031	1 322
人力资源欠发达国家					
中　国	71 240	7.97	0.726	5 449	459

资料来源：《中国教育报》2003 年 2 月 22 日第 3 版。

3. 不同程度的人力资本变量的回归

整体上看，我国的人力资本水平影响了 *FDI* 技术外溢效应的发挥。但是具体到我国不同程度的人力资本水平，情况是不是这样呢？为了区分不同等级的人力资本水平对外商直接投资技术外溢的影响，本部分将式（4－3）中的人力资本变量细化，分为小学、初中、高中、大专及以上四

类指标，因此式(4-3)变为

$$Y_d = C_0 + C_1 FDI + C_2 H + C_3 FDI \times H_0 + C_4 FDI \times H_1 + C_5 FDI \times H_2 + C_6 FDI \times H_3 + \varepsilon \quad (4-4)$$

将各自变量的数值代入，我们发现 $FDI \times H_0$ 并没有通过显著性检验，这就意味着我国外商直接投资和小学教育程度的人力资本相结合，对内资企业的人均工业总产值并没有显著的影响，较低层次的人力资本将不会促进 FDI 的技术外溢效应①。我们将该变量删除进行回归。

表 4-8 和表 4-6 一样，方程的拟合度以及显著性检验都比较好。现在我们着重分析不同程度的人力资本水平是否影响 *FDI* 的技术外溢水平。在 3 个人力资本和外商直接投资的交叉项中，仅有初中水平的人力资本和外商直接投资相结合对内资企业的人均生产总值产生正的显著的影响。高中程度和大学程度的人力资本和外商直接投资的交叉项通过了显著性检验，但是对内资企业的劳动生产力产生负的影响。这说

表 4-8　不同程度的人力资本变量的回归结果

变　量	回归系数	标准差	T 统计值	P 值
FDI	0.525	0.194	2.713	0.008
H	0.821	0.141	5.806	0.000
$FDI \times H_1$	0.347	0.127	2.719	0.008
$FDI \times H_2$	−0.371	0.123	−3.024	0.003
$FDI \times H_3$	−0.165	0.045	−3.676	0.000
R^2	0.652	回归平方和	1 712.699	
调整后的 R^2	0.636	残差平方和	915.965	
F-值	41.136	Durbin-Watson 值	1.528	

① 赵江林(2004)的研究也表明，外资增长与受小学教育人口的关系成负向关系。

明，我国总体上的人力资本状况不利于 FDI 技术外溢效应的实现，但从细化指标来看，初中程度的人力资本能够促进外资的技术外溢效应。它们的联合效应是，回归系数为 0.347，T 统计值为 2.719。这说明，我国目前的情况是，初中教育程度的人力资本促进了技术外溢的实现。外商直接投资更倾向于和具有初中教育水平的人力资本结合产生技术外溢，而不是高中和大学教育程度的人力资本。

表 4-8 的结果似乎与我们在文献综述中强调的只有更高层次的人力资本才能促进外商直接投资技术外溢的实现相违背。其实，这种结论就中国目前的现状是很合理的。国内的一些研究也得出了类似的研究结果①。归其原因主要是：我国外商直接投资主要来源地是港澳台地区。港澳台投资企业多属于劳动密集型产业，技术含量并不高。在港澳台投资企业中，香港的直接投资占了绝对优势，其对内地的直接投资占50%以上。香港投资的企业主要以劳动密集型的中小企业为主，投资规模较小，技术水平也是比较低的。据统计，1999 年香港高技术出口为43.98 亿美元，占制成品出口的 8%，而同年内地的高技术出口为296.14 亿美元，占制成品出口的 18%。这决定了香港对内地直接投资的技术主要是劳动密集型技术，甚至有些技术还低于内地企业水平。港澳台投资在我国吸收的外商直接投资中很大比重，他们投资的企业也偏向于劳动密集型技术，这种相对来说比较低水平的技术对劳动者的教育程度要求不高。因此初等程度的人力资本更易和外商直接投资相结合产生联合效应。

4. 结论

本节研究的是我国的人力资本水平是否影响到外商直接投资技术外溢效应的实现。从整体结果看，外商直接投资对内资企业的劳动生产

① 赖明勇(2002)的研究结果也表明，FDI 更多的是和中学教育程度的人力资本相结合，而不是大学教育程度的人力资本。

力的影响主要体现在外资的积累效应上，而不是人力资本和外商直接投资的联合效应上。和世界发达国家相比较，我国目前的人力资本状况还未达到理想的水平，因此和外商直接投资的联合效应为负。从不同程度的人力资本水平来看，我国目前的现状是，初中教育程度的人力资本和外商直接投资相结合产生了正的显著的效应。外商直接投资倾向于和初中教育人力资本相结合，而不是和高中及以上教育程度的人力资本相结合产生技术外溢效应，本书认为这个结论的主要原因在于我国吸收的外资大部分来自港澳台地区，港澳台企业和欧美企业相比，大多投向劳动密集型企业，技术水平比较低，所以更容易和初中教育程度的人力资本结合产生联合效应。

从我国现状看，以上结论比较合理。如果实证的结果合理，这是否意味着我国为了促进外商直接投资的技术外溢效应，应该发展初中教育程度的人力资本，而不是向高等程度的人力资本提升呢？其实不然。赵江林(2004)的研究曾指出，在 1990—1995 年期间，受小学教育的人口的变动和外资增长是同向变化的，在 1990—1995 年期间，外资的进入主要是为了利用我国的廉价劳动力(受小学教育的人口)。本书考察 1999—2002 年期间的资料，发现外资和小学教育程度的人力资本结合的话对我国内资企业的人均工业总产值并没有影响，而与初中程度的人力资本结合发生联合效应，说明了吸引外资进入中国市场的应该是比小学教育人口更高的人力资本，即应该提升人力资本水平。

对比技术输入和技术外溢模型的结果，我们可以发现，在技术输入模型中，高中教育程度的人力资本对 FDI 技术转移效应发挥了作用，而技术外溢模型中，我国初中程度的人力资本和外资变量的联合效应发挥作用。我们认为，产生这种差异性的原因主要是，研发投入作为衡量 FDI 技术输入效应的指标，本身就代表着较高水平的创新活动，要求较高的人力资本水平与之相适应。

4.4 本章小结

人力资本是我国吸收FDI技术转移效应的切入点。研究我国的人力资本对FDI技术转移的影响，就是希望通过实证研究得出提升吸收FDI技术转移效应的政策，促进产业升级和工业化进程。本章在分析外商在华投资的现状和趋势的基础上，从我国的整体情况分析了人力资本对我国FDI技术输入效应和FDI技术外溢效应的影响，从实证角度检验了第3章中提出的3个问题。我们得出的结论如下：

1. 人力资本的确影响FDI技术转移效应。选用R&D作为FDI技术输入的替代变量，技术输入模型得出的结论是，教育年限和教育经费投入等人力资本变量对FDI技术输入效应有促进作用。东道国的人力资本水平是跨国公司决定研发行为的诱导性因素。

2. 从整体情况看，我国的人力资本水平并没有促进FDI的技术外溢效应，外资与人力资本的联合效应为负。外商直接投资对我国内资企业的人均工业总值的外溢效应主要体现在资本的积累效应上，而不是体现在与人力资本的联合效应上。外商直接投资对我国的资金积累效应能够参与国内资本的形成、提升资金的配置效率，改善资产形成的质量，到目前为止，外资的积累效应仍是对外资对中国经济增长所做出的最主要、直接的贡献之一。

3. 具体到不同教育程度的人力资本，我国高中教育程度的人力资本促进FDI技术输入效应，初中程度的人力资本促进了技术外溢的实现。之所以影响技术输入的人力资本高于技术外溢所得出的结果，是因为研发代表较高技术含量的创新活动，需要和较高水平的人力资本相适应。在技术外溢效应模型中，外商直接投资更倾向于和具有初中教育水平的人力资本结合产生技术外溢，而不是更高等教育程度的人力资本。文章认为最主要的原因是在我国吸收的外商直接投资中，港澳台企业占了很大的比重，由于港澳台企业偏向于劳动密集型企业，因此初中程度的人力资本更易和外商直接投资相结合产生联合效应。

第5章

人力资本影响 FDI 技术转移效应的地区比较

为了形成人力资本影响我国 FDI 技术转移效应的作用机理的系统性研究，本章将在上一章总体分析的基础上，实证分析我国东部、中西部间人力资本如何影响 FDI 技术转移效应的实现。自改革开放以来，我国的地区经济格局有明显变化，东部地区的经济增长速度和人均收入水平等指标明显高于中西部地区。这种经济发展的差异性同时也导致了吸收外商直接投资的不同。本章的目的不仅在于深化人力资本和 FDI 技术转移效应关系的研究，同时实证分析的结果也是为了制定东、中西部的人力资源发展政策奠定基础。如果实证结果证明，不同教育程度的人力资本在东部、中西部的 FDI 技术转移效应实现过程中发挥着不同的作用，那么我国的人力资源发展政策必须采取针对性的措施。本章的结构安排如下：第一节将介绍外商直接投资在中国的区位分布。第二节将集中分析我国东部地区人力资本如何影响 FDI 的技术转移效应，采用的模型为技术输入模型和技术外溢模型。第三节讨论中西部地区的计量结果。最后一节为本章小结。

5.1　外商对华投资的区位分布

5.1.1　外商直接投资区域分布的概况

我国利用外商直接投资的地区分布状况差异很大，外资的流入主要分布在东部地区，比较而言，外商对中西部地区的投资绝对量和比重甚小。

1. FDI 的区域分布形成“东高西低”的基本格局

中国吸收的外商直接投资，绝大部分分布在东部沿海地区（见表 5－1）。20 世纪 80 年代，东部沿海地区所占的外资比重达到 90%以上，从 20 世纪 90 年代开始，东部的比重虽然略有下降，但是也一直保持在 85%以上。我国的西部地区的直接投资基本保持在 3%以下，而在我国中部地区的直接投资则呈现出逐步增长的态势，其比重从 1990 年的 3.52%上升到 2002 年的 9.83%。但总体来说，我国的外商直接投资分布出现高度集中的态势，从至 2004 年上半年为止的外资使用的平均额看，东部地区为西部地区的 18 倍，为中部地区的 9 倍。如果从吸引的外商直接投资占地区 GDP 的比例来看，自 20 世纪 90 年代以来，东部地区外商直接投资及其他投资相当于 GDP 的比例大体保持在 5%～10%之间，中部地区大体保持在 1%～2%之间，而西部地区则不到 1%。平均说来，东、中、西部地区外商投资相当于 GDP 的比重，在 1983—1987 年分别为 0.74%、0.07%和 0.15%，1988—1992 年分别为 2.03%、0.25%和 0.24%，1993—1999 年分别为 7.53%、1.66%和 1.15%，2000—2002 年分别为 5.61%、1.43%和 0.74%。

表 5－1　我国实际利用外资的地区分布

年　份	东部地区合计(%)	中部地区合计(%)	西部地区合计(%)
1993	85.47	10.79	3.75
1994	84.31	11.58	4.11
1995	85.53	10.69	3.78
1996	87.35	8.06	4.59
1997	87.87	8.74	3.39
1998	91.96	6.02	2.03
1999	87.78	7.61	4.60
2000	88.55	8.06	3.40
2001	87.84	9.08	3.09
2002	86.98	9.83	3.19
2003	86.27	8.93	4.80
2004	85.9	11.1	4.00

资料来源：根据《中国统计年鉴》各期整理。

2. FDI 的区域分布从传统的珠江三角洲向长江三角洲及环渤海经济圈转移

20 世纪 80 年代初，珠江三角洲的外商直接投资额占全国的比例超过 60%，但是现在外商直接投资开始向长江三角洲和环渤海经济圈转移。据统计，20 世纪 90 年代到 2002 年，跨国公司在珠江三角洲的投资比重已从 41.87%逐步降到 21.49%；而同期跨国公司在长江三角洲的直接投资比重从 9.94%上升到 33.25%。位于环渤海地区的辽宁、山东、天津和北京近几年也成为跨国公司投资的重点地区。这种转变趋势的原因主要和区位因素有关。加入 WTO 之后，珠江三角洲地区对外资的传统优惠政策效应正在消失，而以上海为核心的长江三角洲地区以及以北京、天津为依托的环渤海经济圈以高质量的研发力量、良好的劳动力素质、巨大的市场潜力吸引了越来越多的跨国公司投资。

3. 各地区 FDI 增长率变化差异明显

从 1991—2002 年的数据看，各地区外商直接投资的增长率差异较为明显，变化幅度较大。1994 年以后，我国东部吸收的外商直接投资增幅平稳。1999 年以后，中部地区吸引 FDI 的增幅明显高于东部地区。而西部地区 FDI 的增幅呈现出较大的波动性，如图 5－1 所示。

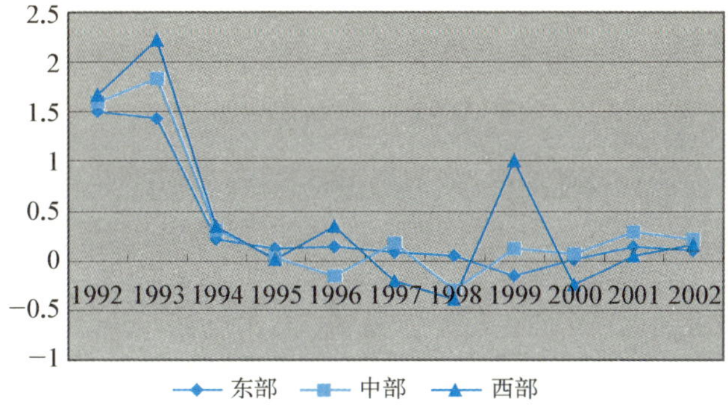

图 5－1 各地区 FDI 流入增长速度比较

和西部相比，中部地区的经济发展水平、基础设施条件、市场条件、人员素质等方面与东部的落差较小，具有承东启西的区位优势，所以近年来中部地区吸引跨国公司直接投资的比重增长相对较快。西部地区投资环境的基础较差，外商直接投资对优惠政策和经济形式的变动表现得十分敏感，因而西部地区升降幅度显著地超过东部和中部地区。

5.1.2 FDI 对不同区域经济增长的影响

我国东部和中西部地区经济发展存在较大差距，外资流入量的差别是导致这种情况的一个重要原因。外商直接投资分布的不平衡特点，必然会对各地区的经济发展起到不同的影响。

1. 外商直接投资对区域资本形成的影响

我国实际吸收的外商直接投资主要集中在珠江三角洲、长江三角洲和环渤海经济圈三大核心区。从全社会固定资产投资来源看，1991年利用外资的比重为5.7%，1996年上升到11.8%，之后逐年下降，到2002年已下降到4.6%。在基本建设和更新改造投资来源中，2002年全国利用外资所占的比重为5.6%，其中东部地区为7.6%，而中部和西部地区分别为3.8%和1.8%。从各地区的情况看，外商投资在东部地区资本形成中起到了较为重要的作用，而中西部地区则不太明显。

2. 外商直接投资对区域产出的影响

考察外商投资经济工业总产值和增加值对各地区工业总产值和工业增加值的贡献，可以更为直接地反映出FDI对区域产出的影响。从表5-2和表5-3的情况可知，中部地区和西部地区外商投资企业占当地产出的比重，远远低于全国平均水平和东部地区水平。2002年，外商投资企业占工业总产值的比重，全国的为29.3%，东部地区则达到36.8%，中部和西部地区偏低，分别为10.88%和7.39%。外商投资企业占工业增加值的比重，全国的为25.98%，东部比重为34.62%。中部比重为9.66%，西部的比重最低，为6.49%。两表的结果显示，在东部沿海地区，外商直接投资的大规模进入推动了当地的工业化进程，但对中西部地区的作用则不明显。

表5-2　2002年份地区外商投资企业工业总产值所占份额(单位：亿元)

地区	工业总产值	外商投资企业工业总产值	外商投资企业工业总产值占全部工业总产值比重(%)
全国	110 776.48	32 459.28	29.3
东部	80 062.39	29 468.48	36.8
中部	20 676.16	2 248.73	10.88
西部	10 037.93	742.08	7.39

资料来源：根据《中国统计年鉴2003》整理。

表 5 - 3　2002 年份地区外商投资企业工业增加值所占份额(单位：亿元)

地区	工业增加值	外商投资企业工业增加值	外商投资企业工业增加值占全部工业增加值比重(%)
全国	32 994.75	8 573.1	25.98
东部	22 049.52	7 632.49	34.62
中部	7 258.37	701.28	9.66
西部	3 686.86	239.35	6.49

资料来源：根据《中国统计年鉴 2003》整理。

3. 外商直接投资对区域对外贸易的影响

20 世纪 90 年代以来，我国对外贸易的迅速扩张很大程度上是依靠外商投资企业来推动的。从 1992 年到 2002 年，我国外贸出口额增长的 63.4%是依靠外商投资企业实现，由于外商在中国的投资高度集中在东部地区，因此，外商投资的大规模进入有力促进了东部地区对外贸易的发展。2002 年，东部地区完成进出口总额占全国的 91.9%，其中出口占 91.6%，进口占 92.2%。在东部地区进出口总额中，2002 年外商投资企业所占的比重已达到 56.2%，其中出口为 55.7%，进口为 56.7%。相比较而言，中西部地区外商投资企业对进出口贸易的贡献较小。

5.2　东部地区数据的计量分析

本节分析技术输入模型和技术外溢模型在东部地区的计量结果。

5.2.1　技术输入模型的计量

技术输入模型来源于第 4 章中的式(4 - 1)，所选变量及数据来源详见第 4 章。

与全国样本的回归结果一致，在东部的样本中，小学和初中教育程度的人力资本变量 H_0 和 H_1 也没有通过检验。我们将该自变量删除，剩下的自变量经过散点图检验，也不存在多重共线性问题。

表 5-4 是根据式(4-2)对东部地区样本回归的结果。我们可以发现，教育年限和教育经费的投入都对 FDI 的技术输入效应具有推动作用。人均教育年限的回归系数为 1.129，T 统计值为 2.400，教育经费的回归系数为 2.248，T 统计值为 8.867。说明东部地区的人均教育年限越高，各地区教育经费投入越多，均会促进跨国公司的研发活动，提升研发费用。高中教育程度的人力资本能够促进跨国公司的研发活动(其回归系数为 0.672，T 统计值为 4.634)，但是大学教育程度的人力资本对研发的作用为负(其回归系数为－0.538，T 统计值为－4.562)。

表 5-4　技术输入模型的回归结果(东部地区)

变　量	回归系数	标准差	T 统计值	P 值
H_2	0.672	0.145	4.634	0.000
H_3	－0.538	0.118	－4.562	0.00
$Ln(EE)$	2.248	0.254	8.867	0.000
$JYNX$	1.129	0.471	2.400	0.021
R^2	0.741	回归平方和	200.108	
调整后的 R^2	0.717	残差平方和	69.806	
F-值	30.816	Durbin-Watson 值	1.638	

与全国的样本相比较，东部地区的统计结果虽然和全国的结果类似，但对比两者结果可反映出更深层次的问题：

1. 从人均教育年限变量来看，全国样本中的统计结果显示，其回归系数为 0.758，但是东部样本中的回归系数为 1.129。这说明东部地区的人力资本对研发的促进作用更大。

2. 从教育经费变量看，全国样本中的统计结果显示，回归系数为 1.939，但是东部样本的回归系数为 2.248，东部地区的教育经费投入对跨国公司研发的影响也更大。

从人均教育年限变量和教育经费变量看，东部地区的人力资本对 FDI 的技术输入效应作用更明显。

东部地区主要指我国的沿海地区，经济发展最快。我国对外资开放的政策也是先从东部沿海地区开始的。东部地区对外资有很多优惠政策，因此成为外商投资的首选之地。经济的增长，为当地人力资本发展提供了良好的机会。比较东部地区人力资本和全国人力资本的状况就可以发现，东部地区的人力资本明显高于全国平均水平。比较 1990 年到 2000 年全国和东部地区的人力资本水平来看，东部地区的初中、高中、大专及以上的人口比例均超过全国水平(见表 5－5)。从模型的结果看，东部地区较高的人力资本水平导致了 FDI 技术输入效应得更大实现，证明了更高水平的人力资本对 FDI 的技术转移效应有促进的作用。

表 5－5　1990—2000 年我国受教育人口变化(单位：%)

	全国	东部地区	全国	东部地区	全国	东部地区	全国	东部地区
	1990—1995 年受教育人口的结构变动		1995—2000 年受教育人口的结构变动		1990—1995 年平均增长率		1995—2000 年平均增长率	
大专及以上	0.64	0.82	1.55	1.69	15	24.6	11.8	11
高中	0.24	0.52	2.86	3.23	39.7	39.2	6.1	6.2
初中	3.94	4.09	6.68	7.4	2.4	5	4.5	4.7
小学	1.38	1.31	−2.74	−5.29	7	15.4	−1.5	−2.9

5.2.2　技术外溢模型的计量

技术外溢模型来源于第 4 章中的式(4－3)，所选变量及数据来源详见第 4 章。

1. 单变量回归

本节的分析也从被解释变量和 *FDI*、*H* 分别回归开始，以确定外资和人力资本对东部地区的内资企业劳动生产力的影响。结果如表 5 - 6 和表 5 - 7 所示。

表 5 - 6 Y_d 与 *FDI* 的回归结果(东部地区)

变　量	相关系数	回归系数	标准差	*T* 统计值	*P* 值
FDI	0.455	0.615	0.179	3.428	0.001
R^2	0.207	回归平方和	220.581		
调整后的 R^2	0.189	残差平方和	844.568		
F -值	11.753	Durbin-Watson 值	1.241		

表 5 - 7 Y_d 与 *H* 的回归结果(东部地区)

变　量	相关系数	回归系数	标准差	*T* 统计值	*P* 值
H	0.578	0.253	0.053	4.751	0.000
R^2	0.334	回归平方和	355.852		
调整后的 R^2	0.319	残差平方和	709.297		
F -值	22.576	Durbin-Watson 值	1.239		

东部的单变量回归结果显示，外商直接投资和人力资本水平对东部地区内资企业的人均工业总产值有着正面的促进作用，回归结果都通过了 1% 的显著性检验。表 5 - 6 的结果显示，外资与内资企业的劳动生产力的相关系数为 0.455，回归系数为 0.615，意味着吸引的外商直接投资在地区国内生产总值的比例每增加一个百分点，东部地区的内资企业的

人均国民生产总值将提高0.615万元，推动作用比较显著。从人力资本的回归结果来看，相关系数为0.578，回归系数为0.251，意味着东部地区人力资本变量同样对内资企业的人均工业总产值有正的显著的推动作用。两表的R^2和调整后的R^2值同样不高，我们的解释是没有考虑资本(K)和劳动力(L)两个变量的影响。

与第4章中全国的回归结果比较，东部地区的回归结果呈现出一些差异。首先，外资变量的回归系数较低，全国的回归系数为0.779，而东部的回归系数为0.615。为什么从单变量回归看，外资对内资企业的人均生产总值的影响反而降低了呢？我们认为，近年来我国东部地区各种类型的经济发展迅速，外商直接投资对经济的贡献开始呈现弱化现象。从表5-1的结果也可以发现，外商直接投资在东部的比重1998年达到最高，2000年开始，逐年开始幅度较小的下降。说明，在参与近几年东部资本形成的过程中，外资的作用趋于弱化。其次，我们也发现，人力资本的回归系数也比全国样本的回归系数低(全国的回归系数为0.358，东部样本的回归系数为0.253)。我们认为，东部地区是我国经济发展迅速的地区，可能东部地区的人力资本的发展还未达到经济发展所需的程度，因此人力资本对内资企业的人均工业总产值的回归系数较小。

2. 总体回归

同样，我们将Y_d、FDI、H、$FDI \times H$的数值代入公式进行回归，检验东部地区的人力资本和外商直接投资之间是否存在相互促进的作用，是否共同作用实现对经济增长的贡献。其结果如下(表5-8)：

表5-8　总体回归结果(东部地区)

变　量	回归系数	标准差	T统计值	P值
FDI	0.801	0.261	3.066	0.004
H	0.576	0.215	2.684	0.010

续 表

变　量	回归系数	标准差	T 统计值	P 值
$FDI \times H$	−0.051 8	0.030	−1.729	0.091
R^2	0.497	回归平方和	499.379	
调整后的 R^2	0.469	残差平方和	565.770	
F 值	12.651	Durbin-Watson 值	1.055	

东部的总体回归也得到了类似于全国总体回归的结果。三个子变量都通过了显著性检验。外资变量的回归系数为 0.801，T 统计值为 3.066，意味着外资在当地国内生产总值中的比例每增加一个百分点，东部地区内资企业的人均工业总产值将增加 0.801 万元。人力资本变量的回归系数为 0.576，T 统计值为 2.684。与全国样本统计一样，外商直接投资和人力资本变量的联合效应为负（−0.051 8）。反映了我国东部地区也存在着这样一个问题：我国外商直接投资和人力资本相结合，对我国内资企业的经济增长不存在正的促进作用，反而有负的影响，外商直接投资未能和人力资本联合发生效应。如果计算外资对该回归方程的总体影响，东部样本所统计的人力资本变量的均值为 11.761，外商直接投资对东部地区内资企业的总体影响是 $0.801-0.051\,8\times(11.761)=0.197$。意味着在当前的人力资本水平状况下，外资变量的比重每增加 1%，当地企业的人均生产总值总共提高 0.197 万元。

从统计结果看，东部地区样本的结果也有 2 个结论：

第一，与全国样本的结果类似，东部地区的外商直接投资和人力资本变量的联合效应为负，外商直接投资对我国东部内资企业的劳动生产力的外溢效应也主要体现在资本的积累效应上，而不是体现在与人力资本的联合效应上。我国东部地区的人力资本与外商直接投资的联合效应为负的原因仍然是我国的人力资本水平还未达到理想的水平。即使东部地区的人力资本状况优于中西部地区，但仍然未达到促使 FDI 技术外溢效应实现的理想水平。

第二，东部样本的统计结果和全国样本的统计结果虽然类似，但也反映出一些差异性。在东部地区，由于各种经济体的迅速发展，外商直接投资对经济增长的作用趋于弱化。外商直接投资在东部的投资额一直占绝对优势，但从占全国比重看，比重不再一直攀升。因此对于东部地区来说，应该提高引资的质量，吸引技术含量高的外商直接投资，促进技术外溢效应的实现。

3. 不同程度的人力资本变量的回归

表 5－9 是根据式(4－3)得出的回归结果。

表 5－9　不同程度的人力资本变量的回归结果(东部地区)

变　量	回归系数	标准差	T 统计值	P 值
FDI	0.380	0.211	1.805	0.078
H	0.683	0.176	3.886	0.000
$FDI\times H_1$	0.406	0.121	3.349	0.002
$FDI\times H_2$	−0.403	0.111	−3.626	0.001
$FDI\times H_3$	−0.137	0.048	−2.862	0.007
R^2	0.754	回归平方和	802.642	
调整后的 R^2	0.723	残差平方和	262.507	
F-值	25.072	Durbin-Watson 值	2.271	

我们发现，东部地区样本的回归中，我们也发现 $FDI\times H_0$ 并没有通过显著性检验，将其删除后，也只有初中教育程度的人力资本和外资变量的联合效应为正，其回归系数为 0.406，T 统计值为 3.349。高中和大学教育程度的人力资本并没有显现出促进 FDI 技术外溢效应的作用，回归系数均为负。东部地区，仍然是港澳台投资的重点投向，因此初中

教育程度的人力资本更容易和外资变量结合产生外溢效应。

5.3 中西部数据的计量分析

东部地区一直是中国经济发展的重心，相比较而言，中西部的经济增长比较缓慢，吸引的外商直接投资也远远落后于东部。本节的主要目的是比较中西部人力资本在影响FDI技术外溢效应实现的过程中是否与东部地区不同，以进一步深化该论题的研究。

5.3.1 技术输入模型的计量

从回归结果看，中西部地区技术输入模型的结果与东部地区的结果都很大的差别。在以研发费用作为FDI技术输入的替代变量的回归方程中，东部的结果是小学教育程度的人力资本变量和初中教育程度的人力资本变量没有通过检验；中西部的结果是小学、大学教育程度的人力资本没有通过显著性检验。将 H_0 和 H_3 删除，我们可以得到表5-10所示的结果。人均教育年限和当地的教育经费支出仍然对中西部地区内资企业的经济发展起了明显的推动作用。人均教育年限的回归系数为0.917，T 统计值为1.846。教育经费变量的回归系数为1.038，T 统计值为2.395。值得我们注意的是，不同教育程度的人力资本在中西部地区外商直接投资技术输入效应中发挥的作用不同。初中教育程度的人力资本促进了中西部跨国公司研发费用的扩张（回归系数为3.062，T 统计值为4.021，在1%水平上显著），而不是高中教育程度的人力资本（回归系数为−5.281，T 统计值为−3.596，在1%水平上显著）。这和东部的结果不同。在东部的统计结果中，高中教育程度的人力资本促进了跨国公司的研发活动，而不是初中教育程度的人力资本。

表 5-10　技术输入模型的回归结果(中西部地区)

变　量	回归系数	标准差	T 统计值	P 值
H_1	3.062	0.762	4.021	0.000
H_2	−5.281	1.469	−3.596	0.001
$Ln(EE)$	1.038	0.434	2.395	0.020
$JYNX$	0.917	0.497	1.846	0.070
R^2	0.415	回归平方和	154.361	
调整后的 R^2	0.377	残差平方和	217.221	
F-值	10.837	Durbin-Watson 值	1.867	

东部和中西部地区 FDI 技术输入效应实证结果的差异，再次证明本书的观点，人力资本水平越低的区域，吸收的外商直接投资科技含量越低，技术转移效应越差。

我们选取文盲人口与文盲率、各种受教育人口数、人均食品消费支出等指标来比较我国东、中西部地区之间人力资本水平的差异。整体上看，我国东部地区人力资本质量最高。根据全国第 5 次人口普查的数据，西部的文盲率最高，达到 9.03%，文盲人口的绝对数为 3 207 万人。西部地区的文盲率高出东部地区 2.82 个百分点，高于中部 2.92 个百分点。西部的 12 个省区，有 6 个省区的文盲率超过 10%。文盲率最高的省区是西藏，超过 20%。东部大专级以上人口占人口的比重和高中及中专人口占人口的比重高于中部，更高于西部。2000 年，东部每 10 万人中，大专及以上人口的绝对数为 4 170 人，超过中部地区 918 人，高出西部地区 1 468 人。每 10 万人中高中及中专人口，东部为 12 463 人，高出中部 1 336 人，高出西部 4 292 人。从人均食品消费支出情况看，东部地区城镇人均食品消费支出和农村居民人均食品消费支出均为最高，前者分别高于东部和中部 810.9 元和 614.8 元；后者分别高于中部和西部 252.2 元和 324.7 元。

与人力资本的分布情况相对应，东部地区三资企业的科技含量要高于中西部地区。如表 5－11 所示，东部地区大中型三资企业科技活动人员、科技活动经费筹集、科技活动经费内部支出、专利申请，科技活动项目数等都高于中西部地区。结合东中西部人力资本状况，我们大致可以得到一个结论，外资技术含量与地区的教育水平呈正向关系。人力资本较高的地区，外资也乐于将高技术产品投放在该地区。东部地区的人力资本水平较高，也吸引了较高技术含量的外商直接投资的流入。国外的研究已经证明，技术转移效应的实现和跨国公司有关。跨国公司是否提供技术是技术转移效应实现的必要条件。跨国公司的科技含量越高，技术转移的潜力越大。从中西部数据统计结果看，FDI 和小学教育程度的人力资本结合产生联合效应，初中教育程度的人力资本促进了跨国公司的研发活动。

表 5－11　2002 年各地区大中型三资企业科技活动情况

	东部地区	中部地区	西部地区
企业数(个)	4 847	369	280
有科技机构的企业数(个)	680	71	43
有科技活动的企业数(个)	1 666	129	112
科技活动人员(人)	118 638	13 722	5 093
科技机构人员(人)	75 809	7 958	3 741
科技活动经费筹集(万元)	2 475 892	140 901	56 873
科技活动经费内部支出(万元)	2 118 201	135 498	37 866
科技活动项目数(项)	10 910	1 386	614
专利申请(项)	5 265	108	104
拥有发明专利数(项)	1 629	23	29

资料来源：《中国科技统计年鉴 2003》。

5.3.2　技术外溢模型的计量

1. 单变量回归

与全国和东部的样本一样，中西部数据的分析从单变量回归开始。从表 5-12 的回归结果看，Y_d 与 FDI 的相关性很小，只有 0.099。回归系数为 0.237，但是该结果并没有通过显著性检验。这说明，在我国的中西部地区，外商直接投资对内资企业的人均工业生产总值并没有明显的影响。外资在中西部地区的比重很小，对当地企业的贡献率要远远低于东部地区。东部地区各项基础设施较为完备，城市化水平高，对外资有较强的吸引力。而中西部地区交通不便，通信设施落后，城市环境差，对外资的吸引力较弱。本章第一节也说明，外商直接投资对中西部地区的资本形成、产出、对外贸易的影响都比较弱，因此该回归的结果比较合理。

表 5-12　Y_d 与 H 的回归结果(中西部地区)

变　量	相关系数	回归系数	标准差	T 统计值	P 值
H	0.519	0.901	0.181	4.974	0.000
R^2	0.270	回归平方和	232.749		
调整后的 R^2	0.259	残差平方和	630.314		
F-值	24.740	Durbin-Watson 值	1.423		

从人力资本和被解释变量的回归结果看，相关系数较高，回归系数为正(0.901)，也通过了显著性检验。说明人力资本在中西部的经济发展中起了重要的推动作用。

2. 总体回归

表 5-13 就是中西部地区的回归结果。我们可以发现，方程的总体

回归结果并没有通过检验，而且 R^2 和调整的 R^2 都比较小。外资变量、外资变量和人力资本的交叉项，都没有通过显著性检验。这说明在我国的中西部地区，外商直接投资的资金积累效应还不明显，人力资本也无法和外资变量发挥联合效应。仅有人力资本变量通过了显著性检验(1%水平)并且回归系数为正(1.171)。沈坤荣等(2001)在比较东中西部的数据时，得出的结论是中西部地区外资变量和人力资本变量的系数估计值都大大地超过东部的估计值。我们人力资本变量的估计值，东部为0.571，中西部为1.171，和沈坤荣等(2001)的研究结果比较类似。外商直接投资和人力资本都是经济增长的关键因素。我国东中西部地区FDI和人力资本分布极度不平衡。对于中西部地区来说，高层次人才对经济增长的边际效益很大，我们的实证结果也表明中西部地区对人力资本的渴望。

表5-13　总体回归结果(中西部地区)

变　量	回归系数	标准差	T统计值	P值
FDI	1.756	1.498	1.172	0.246
H	1.171	0.320	3.664	0.001
$FDI \times H$	−0.270	0.275	−0.982	0.330
R^2	0.296	回归平方和	255.645	
调整后的 R^2	0.264	残差平方和	607.418	
F-值	9.119	Durbin-Watson值	1.485	

从统计结果看，表5-13的结果还可以反映2个结论：我国中西部地区的人力资本较低，不足以和外商直接投资结合产生扩散效应。外商直接投资在东部地区的统计结果显示有明显的资金积累效应，但是对中西部的资金积累效应并不存在，这主要是中西部地区吸收的FDI数量比较小。除了自然环境和基础设施相对落后之外，中西部地区的产业结

构和经济特征也制约了外商直接投资的引入。中西部的工业，主要以资源开采和重化工业为主。在中西部 40 个工业行业中，产值比重较大的前 10 个行业依次为：化学原料及化学制品制造业、非金属矿制品业、食品加工业、交通运输设备制造业、黑色金属冶炼及压延加工业、电力、蒸汽、热水的生产和供应业、纺织业、石油和天然气开采业、煤炭采选业、烟草加工业。上述行业除了交通运输设备和电子及通信设备制造业外，多属于增长速度缓慢、加工层次较低的传统行业，尤其是采掘和原料工业。其他的新兴行业，像电气机械、仪器仪表等行业在中西部地区占的比重较小。这种以资源产业和重化工业为主的产业结构，对投资行业主要为轻型加工业为主的外商直接投资（尤其是港澳台投资）来说，缺乏吸引力。另外，中西部的国有经济成分比重高，中小型外国投资者与国有企业，特别是大型国有企业的合资合作难度很大，所以外商直接投资在中西部的投资较少。

3. 教育程度的人力资本变量的回归

具体到不同教育程度的人力资本变量，中西部地区的实证结果和东部地区的结果表现出很大的差异性。在东部地区的统计结果中，$FDI\times H_0$没有通过显著性检验。但是在中西部地区的实证结果中，$FDI\times H_0$通过了 1%水平的显著性检验，回归系数为 2.292，T 统计值为 1.858。在其他的自变量中，外资变量同样作用不显著，人力资本变量对中西部地区的内资企业的经济发展起了明显的推动作用。外资变量和初中教育程度的人力资本相结合对中西部地区内资企业的人均工业总产值的作用为负，其统计值在 5%水平上显著。另外两个交叉项，$FDI\times H_2$、$FDI\times H_3$ 都没有通过显著性检验。

表 5 - 14 的结果大致反映出一个趋势，就是中西部地区的外商直接投资倾向于和较低水平的人力资本发生联合效应。我们将 $FDI\times H_2$、$FDI\times H_3$删除，数据统计的结果是：

$$Y_d = 3.544 + 2.091FDI + 1.405H + 2.294FDI \times H_0 - 2.486FDI \times H_1$$

$R^2 = 0.365$　调整后的 $R^2 = 0.325$　$F = 9.183$　$DW = 1.696$

方程的所有变量都通过了显著性检验。该结果更明确说明了什么样的人力资本更易于和中西部的外商直接投资结合发生联合效应。小学教育程度的人力资本起了关键的作用，而不是初中教育程度的人力资本。由此可见，在我国的中西部地区，外资的进入主要是为了利用当地的廉价劳动力。与全国的情况不同，受小学教育的人口在中西部地区引资过程中起的作用没有减弱，仍然起了主导作用。外商直接投资在中西部和小学教育程度的人力资本更容易发生联合效应，比在东部所需要的人力资本程度要低。

表 5－14　不同程度的人力资本变量的回归结果（中西部地区）

变　量	回归系数	标准差	T 统计值	P 值
FDI	1.831	1.629	1.124	0.265
H	1.333	0.324	4.110	0.000
$FDI \times H_0$	2.292	1.234	1.858	0.068
$FDI \times H_1$	−3.068	1.200	−2.557	0.013
$FDI \times H_2$	1.724	2.363	0.730	0.468
$FDI \times H_3$	−0.475	1.377	−0.345	0.731
R^2	0.371	回归平方和	319.889	
调整后的 R^2	0.310	残差平方和	543.174	
F-值	6.086	Durbin-Watson 值	1.702	

整体看，在促进 FDI 技术外溢效应的实现过程当中，中西部地区所需要的人力资本比东部地区程度要低。和东部的结果相比较，中西部的结果说明了人力资本在 FDI 技术外溢过程中的作用机制。第一，较高

层次的人力资本有助于增加外商直接投资的流入规模。第二，较高层次的人力资本有助于提高引资的质量。第三，技术含量高的外商直接投资倾向于和较高层次的人力资本联合产生外溢效应。

5.4　本章小结

本章对人力资本如何影响 FDI 技术转移效应进行分地区的研究。外商直接投资在我国的区域分布体现出较大的差异性，对我国东、中西部地区的经济增长所发挥的作用不同。通过技术输入模型和技术外溢模型的实证分析，结果可归纳如下：

1. 东部地区的统计结果和全国样本的结果比较类似，外商直接投资对东部地区经济增长的影响主要体现在资金积累效应上，而不是体现在与人力资本的联合效应上。细化到不同的教育变量，以 R&D 作为技术输入效应的指代变量时，高中教育程度的人力资本促进了东部地区跨国公司的研发活动，提升研发费用。而技术外溢模型结果显示，初中教育程度的人力资本更容易与外资变量结合产生外溢效应。

2. 中西部地区的统计结果和东部结果相比较呈现出很大的差异。由于中西部地区所吸收的外商直接投资数量较小，整体回归方程没有通过检验。具体到不同教育变量的人力资本，技术输入模型的结果显示，初中教育程度的人力资本促进了中西部跨国公司研发费用的扩张。小学程度的人力资本在中西部地区引资过程中起了主导作用，更容易和中西部地区技术含量不高的外商直接投资结合产生联合效应。和东部地区的统计结果相比较，在促进 FDI 技术转移效应的实现过程中，中西部地区所需要的人力资本比东部地区程度要低。

3. 比较分地区的结果，我们可以进一步得到人力资本影响 FDI 技术转移效应的作用机制。较高层次的人力资本有助于增加外商直接投资的流入量;较高层次的人力资本有助于提高引资的质量;技术含量高的外商直接投资倾向于和较高层次的人力资本相结合产生外溢效应。分地区的结果仍然体现出一个明显的特征,即 FDI 技术转移效应实现的趋势是和更高层次的人力资本相结合。这个结果给我们的政策启示是,为了加速 FDI 技术转移的进程,必须在东部地区和中西部地区的人力资本发展政策实施时采取不同的侧重点。

第6章

人力资本影响 FDI 技术转移效应的行业分析

我国吸收的外商直接投资,除了在地域分布上呈现明显的差异性外,在行业投向上的结构失衡问题也比较突出。为了保持利用外商直接投资对经济增长的拉动效果,必须通过优化产业分布结构来提高经济整体的产出效率。今后吸引外商直接投资推动经济增长的发展战略,必须由注重总量增长效应向注重结构升级效应转变。从目前情况看,劳动密集型工业行业是外商直接投资相对集中的领域,高技术行业投资增长有望加快。本章将在前两章实证研究的基础上,进行人力资本影响 FDI 技术转移效应的行业分析。与前两章的结构类似,本章第一节将介绍外商直接投资在我国的产业分布概论。第二节和第三节是实证部分,第二节将对全体工业行业的样本数据进行计量分析,第三节将集中讨论高新技术产业中人力资本影响 FDI 技术转移效应的实证结果。高新技术产业是发展中国家推行工业化战略中优先考虑发展的产业之一,自 20 世纪 90 年代中期以来,外商直接投资高新技术企业已成为我国高新技术产业发展的主力军。从理论上讲,FDI 在高技术行业产生技术转移效应需要和更高层次的人力资本相结合。本章第四节为小结部分。

6.1 外商对华投资的行业分布

6.1.1 外商直接投资行业分布的概况

从投资领域看，外商对华的直接投资主要集中在第二产业，尤其是工业部门，对第一产业的投资比重很低，对第三产业的投资比重也相对偏低。工业是我国对外商直接投资开放较早、开放领域较宽的产业，一直是我国吸收外商直接投资最多的产业，尤其是与制造业为主。本书以工业行业为研究对象，主要讨论外商直接投资在工业行业中的分布。

2002年，外商直接投资企业的资产合计占全部工业资产的21.5%，而在文教体育用品制造业、电子及通信设备制造业中，外商投资企业的资产合计占全行业资产合计的比重已经超过50%。表6-1统计了2002年“三资”工业企业资产在全部国有及规模以上非国有工业企业资产总额中所占比重最高的10个行业。

从表6-1的数据看，外商直接投资的工业产业结构具备以下几个特点：

1. 典型的劳动密集型产业，如服装、家具制造业、文教体育用品、皮革毛皮制造业等是外资投资偏向程度较高的领域。投资这类的外商投资企业，主要是注重利用劳动力密集型产业的比较优势。电子及通信设备制造业、仪器仪表办公机械、电器机械等行业，由于资本产出规模明显、税负水平较低，成为外商投资相对集中的领域。

2. 外商直接投资相对较少的行业主要有以下几类：长期由国有经济占主导的自然垄断行业，包括电力供应、蒸汽与热水、煤气生产与供应、自来水的生产和供应业等；资本产出效率较低、税负水平较高的行业，如非金属矿采选业、黑色金属矿采选业、煤炭采选业等；市场相对饱和的行业，如黑色金属冶炼及压延、饮料制造业等。

表 6-1　2002 年外商直接投资企业资产占全行业资产比重最高的 10 个工业

行　业	全行业资产总计(亿元)	外商投资企业资产合计(亿元)	比重(%)
文教体育用品制造业	629.9	387.07	61.45
电子及通信设备制造业	9 779.98	5 618.85	57.45
皮革、毛皮、羽绒及其制品业	1 136.16	632.67	55.68
家具制造业	448.59	217.93	48.58
塑料制品业	2 538	1 166.14	45.95
服装及其他纤维制品制造业	2 078.57	925.51	44.53
金属制品业	2 991.51	1 191.94	39.84
仪器仪表文化办公用机械	1 194.17	475.42	39.81
橡胶制品业	1 249.93	487.89	39.03
食品制造业	2 081.65	775.76	37.27

资料来源：根据《中国统计年鉴 2003》相关数据整理。

6.1.2　外商投资企业对我国工业产出的贡献

外商直接投资在我国工业产出中占有重要地位。2002 年，外商投资企业的产出占全部工业产出的份额是：总产值占 29.2%，工业增加值占 25.81%，工业销售收入占 28.39%。这三个指标都已经超过 1/4 的比重。在一些行业，外商投资企业在产出中的地位更加突出。如电子及通信设备制造业，外商投资企业的产出占该行业产出的份额是：总产值占 73.36%，工业增加值占 61.45%，工业销售收入占 68.70%，外商投资企业的地位非常突出。另外还有 2 个行业，仪器仪表文化办公用机械和文教体育用品制造业，这 3 项指标的比例都超过 50%（见表 6-2，表 6-3，表 6-4）。

表6-2 2002年外商直接投资企业工业总产值所占份额较高的工业行业

行　　业	全行业工业总产值(亿元)	外商投资企业工业总产值(亿元)	比重(%)
电子及通信设备制造业	11 288.64	8 281.91	73.36
仪器仪表文化办公用机械	1 089.62	673.83	61.84
文教体育用品制造业	782.08	462.1	59.09
皮革、毛皮、羽绒及其制品业	1 801.46	958.96	53.23
家具制造业	524.21	248.1	47.3
服装及其他纤维制品制造业	2 914.91	1 321.76	45.34
塑料制品业	2 487.92	1 042.52	41.90
食品制造业	1 967.31	778.56	39.57
橡胶制品业	1 064.6	389.47	36.58
金属制品业	3 294.38	1 181.81	35.87

资料来源：根据《中国统计年鉴2003》相关数据整理。

表6-3 2002年外商直接投资企业工业增加值所占份额较高的工业行业

行　　业	全行业工业增加值(亿元)	外商投资企业工业增加值(亿元)	比重(%)
电子及通信设备制造业	629.9	387.07	61.45
文教体育用品制造业	9 779.98	5 618.85	57.45
仪器仪表文化办公用机械	1 136.16	632.67	55.68
皮革、毛皮、羽绒及其制品业	448.59	217.93	48.58
家具制造业	2 538	1 166.14	45.95
服装及其他纤维制品制造业	2 078.57	925.51	44.53
塑料制品业	1 194.17	475.42	39.81
食品制造业	1 249.93	487.89	39.03

资料来源：根据《中国统计年鉴2003》相关数据整理。

表 6 - 4　2002 年外商直接投资企业销售收入所占份额较高的工业行业

行　　业	全行业销售收入(亿元)	外商投资企业销售收入(亿元)	比重(%)
电子及通信设备制造业	2 520.92	1 731.99	68.70
文教体育用品制造业	204.52	121.27	59.29
仪器仪表文化办公用机械	268.54	144.47	53.7
皮革、毛皮、羽绒及其制品业	457.96	243.91	53.26
家具制造业	139.34	67.08	48.14
服装及其他纤维制品制造业	746.08	341.45	45.76
塑料制品业	646.84	282.25	43.63
食品制造业	553.01	236.69	42.8

资料来源：根据《中国统计年鉴 2003》相关数据整理。

6.1.3　外商直接投资和我国工业企业的产业结构升级

一个国家的产业结构转变的直接因素是劳动力、资本和技术进步等生产要素在不同产业部门之间的配置和调整，其中最重要的影响因素是由投资决定的新增固定资产和存量资本的再配置。外商直接投资是我国固定资产投资的主要资金来源之一。外资流入带来的先进技术、现代化的管理知识和技术转移效应，促进了我国工业部门的技术进步和劳动生产率的提高，也推动了我国产业结构的优化和升级。

20 世纪 80 年代初期，外商直接投资主要是利用我国丰富、低廉的劳动力成本优势。流入我国境内的外商直接投资以我国港澳台的小资本为主，受其质量和规模的限制，外商直接投资比较密集的行业主要是服装、鞋类、电子元件、箱包、塑料制品、皮革制品等劳动密集型加工业，对我国产业机构的升级没有明显的促进作用。20 世纪 90 年代初期以来，大型的跨国公司开始大规模进入我国，所占的比重不断上升。大跨国公司的投资项目，大多数属于我国产业结构升级过程中正在大力发展的产业，如微电子业、汽车制造业、家用电器业、通信设备业、仪器仪表业等。这类资本规模大、技术含量高，而且随着跨国公司在华投资项目的增多，为了在激烈的市场竞争中取胜，部分跨国公司也改变了以往将该国面临淘汰的技术转移到我国的技术输出策略，加大了在我国的研发力度，对我国产业结构的促进作用较大。

外资工业的技术含量和产出效率明显优于国内原有产业水平，所以外商工业投资的增长有助于大大加快我国整体技术水平的提升和产业升级。根据王志乐的两份调研报告①，绝大多数的跨国公司提供了母公司的先进和比较先进的技术，相当一部分的跨国公司提供了弥补国内空白的技术。赵晋平(2002)通过分析包括外资企业在内的全部工业结构与非外资工业结构的区别来说明外商工业投资对于提高工业部门整体技术水平和产出效率的直接贡献。研究发现，外资增长对提升我国工业的技术装备水平和投入产出效率发挥了十分重要的作用(见表6-5)。外资工业不仅拥有较好的设备、较高的技术、较强管理水平，而且在加工工业中相对集中于技术密集型和资本密集型行业。2000年，以全球500家最大跨国公司在华投资企业为主要对象的一份研究报告表明，500强在华投资的行业主要集中于电子及通信设备、机械、交通运输设备、化学原料及化学制品等资本、技术密集型行业，而在纺织、服装等劳动密集型行业投资较少。目前，大型跨国公司的投资项目，大多数进入产业关联度较高的产业，外资正在我国产业结构从劳动密集型转化为资本技术密集型的过程中发挥着巨大的推动作用。从统计数据看，我国贸易结构中，高附加值、高技术含量的产品的出口比重逐年上升。我国资本技术密集产品在出口商品中的比重相对较小，但增长趋势十分明显。如

① 参见王志乐主编《世界著名跨国公司在中国的投资》，北京，中国经济出版社1995年版；王志乐主编《日本企业在中国的投资》，北京，中国经济出版社1998年版。

1985 年,我国机电产品的出口比重为 6.3%,到了 2002 年该比重突破 50%,外资企业就是机电产品出口的主要推动力。

表 6-5　全部工业主要指标与非外资企业的比较

指　　标	全部工业企业	非外资企业	全部工业企业/非外资企业
资本装备率(万元/人)	91.18	86.41	1.06
总资产收入比(万元/万元)	0.67	0.62	1.08
销售利润率(%)	5.2	5.05	1.03
人均销售额(万元/人)	150.04	129.52	1.16
销售税金比(%)	6.06	6.93	0.87
劳动资产比(人/万元)	0.45	0.48	0.93

资料来源：赵晋平,我国吸收外资的产业政策研究,管理世界,2002(9)。

6.2　中国工业行业数据的计量分析

6.2.1　计量模型和数据来源

分行业数据和分地区数据有所不同,根据数据的可得性,本章集中对人力资本影响技术外溢效应的作用机理进行检验。根据理论模型式(3-2)建立一个线性化的经济计量模型。

$$Y_d = C_0 + C_1 PK + C_2 FDI + C_3 H + C_4 FDI \times H + \varepsilon \quad (6-1)$$

式(6-1)中具体的变量是：

Y_d：各行业内资企业的人均工业总产值(单位：万元/人),该变量同样代表内资企业的生产力。本章中的计量模型以 Y_d 作为被解释变量,代表外溢效应的变量。

PK：各行业中内资企业的人均资本。改变量反映内资企业的资本密集度。理论上讲，资本密集度越高，对行业的人均工业总产值的推动作用比较明显。

FDI：各行业中外商投资企业员工人数占该行业员工总人数的比重。由于行业中的数据没有关于外资流入量的统计，本书参照国外文献中的做法。在外资变量的选择上，文献中涉及的包括选择外资资产占行业总资产的比例（Haddad，Harrison，1993），外资企业员工人数占行业员工总人数的比例（Kokko，1994）。这种设定方法，实质上是为了考察行业中外资企业的比重对内资企业的产业上产力的影响。本章选择外资企业员工的比重作为外资变量，当外资变量的回归系数为正并通过显著性检验时，表示FDI对内资行业有正的外溢效应。

H：各行业中科技活动人员占该行业总就业人口的比例。行业中的人力资本变量和分地区中的变量不同。科技活动指在自然科学、农业科学、医药科学、工程与技术科学、人文与社会科学领域中，与科技知识的产生、发展、传播和应用密切相关的有组织的活动。科技活动人员指直接从事科技活动以及专门从事科技活动管理和为科技活动提供直接服务累计从事科技活动的实际工作时间占全年制度工作时间10%及以上的人员。行业中科技活动人员占全体就业人口的比例越大，意味着行业中的人力资本水平越高。本章以该变量作为人力资本变量，当该变量的回归系数为正并通过显著性检验时，表示人力资本是经济增长的推动器。

$FDI\times H$：外资变量和人力资本变量的乘积。此联合效应考察外商直接投资是否和行业中的人力资本变量相结合对内资企业的生产率起到推动作用。

ε：误差项。

本章计量所采用的数据是根据2000—2003年《中国统计年鉴》和

《中国工业统计年鉴》的相关数据整理而得。《中国工业统计年鉴》中将工业部门分为 37 个行业。本书采用的是 2000—2003 年共 148 个数据进行回归分析。数据处理中，外资工业企业的资本存量选取的是行业内三资企业的总资产；内资企业的产出、资产以及就业人口都是通过行业内全部国有及规模以上给国有工业企业与行业内的三资企业相对应的指标相减得出的。

6.2.2　计量结果及分析

根据式(6－1)，我们把个经济变量的数值代入公式，得到表 6－6 的统计结果。

表 6－6　分行业数据的统计结果

变　量	回归系数	标准差	*T* 统计值	*P* 值
PK	0.584	0.043	13.701	0.000
FDI	21.023	5.532	3.800	0.000
H	1.177	0.568	2.071	0.040
$FDI \times H$	－4.031	1.954	－2.063	0.041
R^2	0.652	回归平方和	19 706.64	
调整后的 R^2	0.643	残差平方和	10 500.51	
F-值	67.093	Durbin-Watson 值	1.510	

回归结果显示，工业部门外资变量的回归系数为正并且通过了 1% 的显著性检验。从总体上看，外商直接投资的资产比重每增加一个百分点，可以带动行业中内资企业人均总产值增加 21.023%，这说明外商直接投资对我国行业的影响比较大。人均资产变量 *PK* 的回归系数也为正(0.584)，并且统计效果比较明显，因此，行业中资本要素仍然是行业产出的重要推动因素。人力资本变量如我国预期的效果，回归系数为正

(1.177)，也通过了1%水平的显著性检验。总体情况看，外资变量和人力资本变量的联合效应也为负(—4.031)，这和分地区的统计结果比较类似。从整体数据、分地区数据、分行业数据的统计结果看，我们得出的结论是，我国的人力资本不利于外商直接投资技术外溢效应的产生，这也符合了Bin Xu(2000)的研究结论。外商直接投资的技术外溢效应在欠发达国家不明显，其原因就是欠发达国家没有充足的人力资本吸收跨国公司的技术转移。

根据经济增长理论，现代经济增长更主要的是依靠科学技术进步的推动力量。人力资本不仅具有生产要素的功能，还是科学与技术进步的重要源泉。任何科学与技术都是由人创造的。正是基于这一原因，科学技术人员被称作“研究与开发能力”(R&D)。研究与开发能力正是人力资本存在的一种重要形式(李建民，1999)。表6-7以研发人力资源情况为例说明我国和部分国家人力资本水平的差别情况。

表6-7　部分国家R&D人力资源情况统计

	R&D人力 (全时工作当量，千人年)	每万个劳动力中R&D人力(人年)
中国2003	1 094.8	14
日本2002	857.3	128
德国2002	478.6	121
法国2001	333.5	124
俄罗斯2002	986.9	137
韩国2002	172.3	75

资料来源：中国科技统计网站，www.sts.org.cn，除中国、巴西数据外，其他数据取自OECD《主要科学技术指标2004/1》。

从上表可以看出，日本每万个劳动力中R&D人力为128人年，德国为121人年，法国为124人年，而中国仅为14人年。归根结底，我国的人力资本还是比较匮乏，不足以和外商直接投资相结合对内资企业的劳动力增长起到正面影响。

本论文的第 4 章和第 5 章得出的结论是，从整体情况看，我国的人力资本仍很匮乏，不足以和外商直接投资相结合对内资企业的生产力产生正的影响。本节的研究结论和前两章的结论类似，即从行业看，外资变量和人力资本变量的也不产生正的联合效应，这一结果增加了本书回归结果的准确度。国外文献（BGL，1995；Bin Xu，2000）肯定了人力资本在外商直接投资技术外溢效应实现过程中的作用，认为人力资本是决定外商直接投资规模和质量的决定因素，人力资本也是吸收能力的核心。本书通过对整体数据、分地区数据、分行业数据的计量分析，认为从总体上看，我国的人力资本并没有促进外商直接投资技术外溢效应的实现。这其中的原因在前两章实证中也提及，一是和我国处于低水平的人力资本相关，二是和我国吸引的外商直接投资的质量相关。

需要注意的是，本节所选用的样本是工业部门的 37 个工业行业，这 37 个行业在数据上存在很大的差异性，如木材及竹材采运业、石油天然气开采业中所吸收的外资数量就比较少。各行业就业人员的人力资本水平也呈现出较大的差异性。为了在行业层次对该论题进一步深化研究，有必要将全体工业部门样本分类。在工业行业中，高新技术产业是近年来各国增长最为迅速也是支持力度最大的产业。外商投资企业在我国的高新技术产品出口中占有较高份额，而且生产技术水平和出口商品档次较高。外商投资高新技术企业和研发机构是跨国公司全球生产和研发体系的组成部分，对发展中国家具有很强的技术外溢效应。知识积累和人力资本要素是高技术产业最重要的投入要素。和一般的工业行业相比，高技术产业和人力资本要素的相关度更高（姚战琪，2002）。因此，研究选择高新技术产业来研究人力资本是否影响外商直接投资技术外溢效应比较具有代表性。本章将在第三节对高新技术产业相关数据进行计量分析。

6.3 高新技术产业数据的计量分析

6.3.1 外商直接投资与我国高新技术产业发展

1. 高新技术产业的界定

高新技术产业，是指相同或相近高新技术构成的企业群体，或者是围绕高新技术而生成的新兴的企业群体，即高新技术的产业化。从这个定义看，可以认为高新技术产业包含三层意思。第一，高新技术产业是以高新技术作为基础，所以在产品贡献中，技术含量占优势地位，高新技术在产业发展中起决定性的作用。第二，高新技术不仅进入技术市场，而且是被应用于产品和生产过程，形成具有一定科技含量的市场产品。第三，使用这种技术或相近技术的企业构成了一个整体，在市场上形成了必要的规模，足以代替旧的产业并构成一个新的产业。

OECD提出的高技术产业的五个特征是：强化研究和开发(R&D)工作；对政府具有重要战略意义；产品与工艺老化快；资本投入风险大、数额高；研究与试验成果的生产及其国际贸易具有高度的国际合作与竞争性。在20世纪80年代，OECD将R&D经费占总产值高于4%的行业划分为高新技术产业。到了20世纪90年代，这一指标提高到8%。

各国对于高新技术产业的定义不同，但大多以当地产业中有较多研究和开发资金及人员投入，以知识、技术进步为标志的产业定义为高技术产业。美国采用的是2种指标，产品研究与开发费用在销售额或增加值中所占比重，科技人员占劳动力的比重。在英国，高新技术产业被认为是一组包含信息技术、生物技术和许多位于科学和技术进步前沿和其他技术的产业群体。加拿大从两方面定义高技术产业：一是部门法，认为高技术产业是一种技术水平相对高的生产部门，通过劳动力的素质或用于研究与开发的经费来反映；而是综合法，高技术产业被定义为在生产前的设计和最终技术调整，用工业研究与制造业内部工程师和技术员比例来反映。我国的台湾地区，根据市场潜力大、产业关联性大、技术层次高、附加价值高、污染程度低、能源依存度低等六大原则，选出通信、资讯、消费性电子、半导体、精密机械与自动化、航天、高级材料、特用化学品与制药、医疗保健及污染防治等十大工业定义为新兴工业。我国的高新技术产品目录包括电子信息、软件、航空航天、光机电一体化、生物技术、医药、医疗设备、新材料、新能源与高效节能、环境保护、地球空间与海洋、核应用技术以及农业等 11 个领域的 2 056 种产品定义为我国高新技术产品。

2. 我国高新技术产业利用外商直接投资的概况

我国经济能否继续保持快速发展，很大程度上取决于产业升级是否顺利推进，其中，高新技术产业的较快发展就是一个重要标志。过去几年，我国高新技术产业得到迅速发展，对于中国整体经济的发展起到了巨大的推动作用，对经济增长的贡献在逐渐增大，如图 6－1 所示。

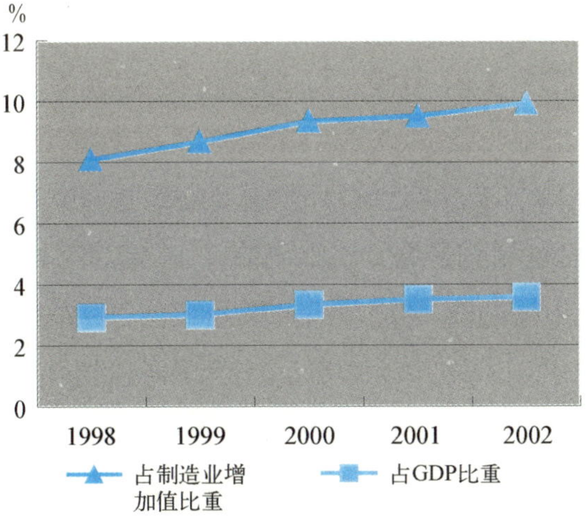

图 6－1　高技术产业增加值占制造业增加值及 GDP 的比重

20世纪90年代中期以来，我国的高新技术产业开始吸引较多的外商直接投资。根据《中国高技术产业统计年鉴2003》，在我国高技术产业中，外商投资企业在生产和技术方面都比国有企业具有领先优势。其中，外资企业达3 668家，占整个高技术企业数的32.37%。外商投资企业实现的总产值为12 491.2万元，利润为409.97万元，在全部高技术产业中的比重均超过50%。外商投资企业实现利润576.48万元，所占比重为49.44%。在技术方面，外资企业申请专利数1 607个，占全部比重的28.75%，研发强度也占到全部高技术产业的52.7%。

表6-8　我国高技术产业中外商直接投资企业出口交货概况

	1998年	1999年	2000年	2001年	2002年
高技术产业出口交货值(亿元)	2 042	2 413	3 388	4 288	5 599.36
外资企业出口交货值(亿元)	1 667.5	2 024.27	2 882.06	3 699.73	4 602.92
比重(%)	81.66	83.89	85.07	86.28	86.88
其中：医药制造业	2.20	1.81	1.25	1.03	0.88
航空航天器制造业	0.25	0.24	0.24	0.67	0.14
电子及通信设备制造业	61.62	66.48	66.64	60.48	54.32
电子计算机及办公设备制造业	32.76	29.07	29.09	35.01	42.52
医疗设备及仪器仪表制造业	3.17	2.40	2.79	2.81	2.14

资料来源：《中国高技术产业统计年鉴2003》。

外商直接投资一直是我国外贸出口的增长点。如表6-8所示，1998年到2002年，外资企业出口交货值占高技术产业出口交货值的比重都超过了81%，是我国高技术产业的出口的绝对主力。到2002年，我国高技术产业中外商投资企业的出口交货值达到4 602.92亿元。越是高技术含量、高附加值的产品，外商投资企业的地位越是重要。如表6-3所示，我国高新技术产业中外商投资企业出口比重最大的2大行业是电子及通信设备制造业、电子计算机及办公设备制造业。

6.3.2　计量结果及分析

本节将选取高技术产业样本分析人力资本影响 FDI 技术外溢效应的作用机理。根据本章第一节中介绍的外资行业投向的情况，外资在高技术行业中资本构成所占的份额相对较高。高技术产业更适合作为研究 FDI 技术外溢的研究对象。高技术产业属于技术密集型，产业内部的专业化分工鲜明，生产率较高，是我国制造业中的新兴产业。外商投资企业建立研发中心的实践活动越来越活跃，尤其是电子计算机和信息通讯产业这两个产业中，外商投资企业参与研发中心的建立与发展以及与当地大学研究机构合作开发新产品的活动非常活跃。根据《2004 年中国外商投资报告》，随着高新技术产业的投资占整个制造业投资比重的明显上升，外商投资研发中心增长速度较快。新设立的跨国公司投资研发中心主要集中在高技术行业。整体看，高技术产业的示范和模仿效应、联系效应、人员流动效应相对更突出。

在《中国高技术产业统计年鉴》中，统计了五大类的高技术产业的产业发展资料。分别是医药制造业、航天航空器制造业、电子及通信设备制造业、电子计算机及办公设备制造业、医疗设备及仪器仪表制造业。其中，医药制造业包括化学药品制造、中药材及中成药加工、生物制品制造 3 个中产业；航天航空器制造业包括飞机制造及修理、航天器制造 2 个中产业；电子及通信设备制造业包括通信设备制造、雷达及配套设备制造、广播电视设备制造、电子器件制造、电子元件制造、家用视听设备制造、其他电子设备制造 7 个中产业；电子计算机及办公设备制造业包括电子计算机整机制造、电子计算机外部设备制造、办公设备制造 3 个中产业；医疗设备及仪器仪表制造业包括医疗设备及器械制造、仪器仪表制造 2 个中产业。本书在选取高技术产业样本时，将以这 17 个中产业作为研究对象。本书采用的是 2000—2003 年共 68 个数据进行回归分析。需要说明的是,《中国高技术产业统计年鉴》中没有产业资本数量的统计资料,因此本书在确定方程(6-1)中的人均资本量的时候,用《中国高技术产业统计年鉴》中的产业年末固定资产原价替代。其他变量,如内资企业的产出、就业人口等,都是通过行业内全部国有及规模以上给国有工业企业与行业内的三资企业相对应的指标相减得出的。

将数据代入方程(6-1),高科技产业的数据统计结果如表6-9所示。

表6-9 高科技产业数据的统计结果

变 量	回归系数	标准差	T统计值	P值
PK	0.500	0.369	1.356	0.080
FDI	3.823	7.664	0.499	0.620
H	−0.378	0.332	−1.140	0.258
$FDI\times H$	4.675	1.019	4.587	0.000
R^2	0.568	回归平方和	7 145.771	
调整后的R^2	0.541	残差平方和	5 431.220	
F-值	20.722	Durbin-Watson值	1.786	

如上表所示,方程回归拟合度较好。因为影响因变量的因素可能很多,所以R^2显示中等偏上程度的拟合属于正常。DW、F检验都通过了检验。计量结果中,自变量PK回归系数为正并且通过了1%的显著性检验,内资企业的人均资本每提高1%,内资企业的人均工业总产值将提高0.5%。外资变量和人力资本的交叉变量回归系数为正(4.675),也通过了1%的显著性检验。与本章第二节的统计结果相比较,高技术产业的实证研究体现了以下几点差异性:

1. 在全体行业样本中,人力资本变量和外资变量对内资企业的人均工业总产值有正的影响。而在高技术产业样本中,外资变量和人力资本变量的统计检验不显著，T 值也比较小。

2. 在全体行业样本中，人力资本和外资变量的联合效应为负，但在高技术产业样本中，人力资本和外资变量的联合效应为正。这说明在高科技产业中，外商直接投资是和人力资本相结合才产生了外溢效应。与一般行业相比较，外商直接投资在高科技产业要产生技术外溢效应的话，必须要和较高水平的人力资本相结合。

上述结果显示，高技术产业样本中，人力资本促进了外商直接投资的技术外溢效应。外商直接投资必须要和人力资本相结合才能产生外溢效应。这个结果验证了，对偏向于技术密集型、资本密集型的外商直接投资而言，人力资本是影响 FDI 技术外溢效应的重要因素。与整体样本相比较，高技术产业样本的统计结果更符合第 2 章文献综述的理论解释。人力资本是吸收能力的核心因素。对于东道国来说，人力资本水平越高，FDI 技术外溢效应越明显。发展中国家如果不具备充足的人力资本，就会限制对跨国公司先进技术的接收与应用。

6.4　本章小结

本章对人力资本如何影响 FDI 技术转移效应进行了行业层次的研究。从目前来看，我国吸收的外商直接投资还是主要投向典型的劳动密集型产业，对技术密集型的行业的投资有增长的趋势。外商直接投资对我国的工业经济的增长和产业结构的升级都有着明显的推动作用。本章的实证结果再次验证了前 2 章结果的正确性，即我国的人力资本不足以促进外商直接投资的技术外溢效应，具体可归纳如下：

1. 从全行业样本来看，我国的人力资本不足以促进 FDI 技术外溢效应的实现。这和整体样本、分地区样本的统计结果比较类似。作为发展中国家，我国的实证结果和国外文献的结论基本符合，即我国的人力资本不利于外商直接投资技术转移效应的产生。因此，要提高我国的人力资本的整体水平，才能促进FDI技术转移效应的实现。

2. 从高技术产业样本看，外商直接投资必须要和人力资本相结合才能对内资企业产生技术外溢效应。高技术产业是技术密集型产业，知识积累和人力资本要素是高技术产业最重要的投入要素。高技术产业样本的统计结果表明，技术含量高的外商直接投资倾向于和较高层次的人力资本联合产生外溢效应。世界范围内的外商直接投资正向资本密集型、技术密集型转变，人力资本可以作为我国提高吸收能力的切入点。

第7章 广东省人力资本影响FDI技术转移效应的个案研究

前三章的实证针对全国整体样本、地区样本和行业样本对人力资本是否影响FDI的技术转移效应做了比较系统的研究，得出的结论可以归纳为两个：第一，人力资本影响外商直接投资的技术转移效应。我国各地区的人力资本变量，如平均教育年限、教育经费等，均会对FDI的技术输入效应（以跨国公司的研发经费作为替代变量）产生正的显著的影响，这说明人力资本水平越高，FDI的技术转移效应越明显。第二，从目前情况看，我国的人力资本水平对外资的技术输入效应影响较明显，外溢效应则不太明显，技术转移的总体效应还是较明显的。不管是整体样本、地区样本和行业样本，得出的结论都是，我国目前的人力资本水平阻碍了FDI技术外溢效应的产生。本章将在前三章实证研究的基础上，选择广东省对该论题进行个案研究。广东省是我国对外开放最早的地区，在利用外资方面一直处于全国的前列。广东省所吸收的外商直接投资大部分来自港澳台地区，外商投资企业以劳动密集型产业为主，这些特征代表了我国所吸收的外商直接投资的一般特征。根据钱纳里对经济发展阶段的划分标准，广东省正处于工业化的中后期阶段。按照邓宁"投资周期论"的标准，广东省正处于第二等级（人均GNP 400—1 500

美元)向第三等级(人均 GNP 2 000—4 750 美元)过渡的阶段。按照国际经验,在这样的发展阶段,除了要继续保持外资规模以解决资金和就业问题外,还要考虑利用外资引进先进技术和管理,提高产业国际竞争力。因此,研究广东省如何提升 FDI 技术转移效应是个意义深远的问题。

7.1　广东省外商对华投资的现状

7.1.1　广东省利用外商直接投资的概况

作为改革开放的前沿,广东省在利用外商直接投资方面一直处于全国的前列。2004 年,按新口径统计,广东省实际利用外资 100.12 亿美元,增长了 34.1%。外资大企业、大项目来广东投资的步伐明显加快,至 2004 年底,世界 500 强企业已有 166 家在广东省设立 492 家企业,其中 2004 年新增 62 家。

广东省利用外资有以下几个特点:

1. 从利用外资的来源看,以港澳台投资为主。2002 年,港澳台投资占广东省吸收外商直接投资的 60.17%,其中港资占到 53.2%。这种外资来源结构充分显示了外资来源地区高度集中的特征。由于港澳台与广东地缘接近,文化和语言相近,所以开放后的广东省成为港澳台投资的主要投向地。港澳台资金的大量流入,加快了广东省经济发展的步伐。港澳台投资以中小项目为主,投资规模小,一般在 100 万—250 万美元之间,规模效益难以提高。港澳台投资以劳动密集型投资为主,科技含量低,对广东省技术进步并不明显。此外,日本、美国和欧洲等国家和地区的外商投资在广东也占有一定的比重。日本占 4%,美国占 6%。广东省外国直接投资项目规模比较大,但流入规模较小。

2. 从利用外资的投向结构看，广东省所吸收的外商直接投资以第二产业为主，尤以制造业为最。1978—2003年广东第一产业实际利用外资21.90亿美元，占总额的1.2%；第二产业实际利用外资1 295.82亿美元，占73.4%；第三产业447.61亿美元，占25.4%。长期以来，第二产业一直是外资投向的重点，随着我国加入世界贸易组织，融入到经济全球化的潮流，外资进入广东省第三产业的势头明显加快。2004年以来，国际金融、保险、物流、会展、广告、咨询等行业纷纷进入广东省投资发展。从外商实际投资看，投入较大的服务业有房地产、租赁和商务服务、交通运输及仓储和邮电、信息传输及计算机服务和软件、住宿和餐饮业等五大行业，五大行业占服务业外商直接投资总额的比重达83.6%。

3. 从利用外资的方式结构看，广东省外资(独资)企业的比重呈趋强之势，合资经营企业、合作经营企业的发展态势趋缓。具体表现在：从签订利用外资项目看，1996年独资企业的比重为39.2%，2002年则高达78.7%；1996年合资经营企业所占比重为34.8%，2002年降至15.7%；合作经营企业所占比重下降最快，1996年为26%，2002年为5.6%。从实际利用外商直接投资额来看，独资企业所占比重也在逐年提高，由1996年的25%上升到2002年的55.8%；合资经营企业的投资额所占比重则由1996年的36.6%降至2002年的22%；而合作经营企业2002年所占比重为18%左右。独资企业比重的提高，标志着广东省投资环境的改善。

7.1.2　外商直接投资对广东省经济增长的贡献

外资经济已经成为广东经济中的一个重要组成部分，与国有经济、集体经济、私营经济等经济成分一起共同推动广东省经济的持续快速增长，改变了经济增长方式，提高了经济增长质量。根据广东省统计局的有关资料，外资经济占广东GDP比重不断提高。从GDP分所有制构成看，2000年广东港澳台和外商经济增加值占全省生产总值的比重达32.6%，到2003年上升到37.6%，提高了5个百分点。2003年，港澳台和外商经济增加值总量达到5 125.42亿元，比2000年增加了1 967.7亿元，占非公有经济的比重为64.8%。

1. 外资是广东省固定资产投资的重要来源

外资的大量流入，缓解了广东省建设自己的不足。随着外商投资规模的不断扩大，全社会固定资产投资资金来源中实际利用外商直接投资的比重逐年上升(表7-1)。1980年，广东省利用外资资金仅有1.48亿元，占全社会固定资产投资总额的3.8%。进入90年代后，该比重明显提高。1996年，广东省利用外资资金494.70亿元，占全社会固定资产投资额的21.2%。截至2004年，广东省利用外资资金为554.96亿元，占全社会固定资产投资总量的9.2%。

表7-1　广东省利用外资资金占全社会固定资产投资额的比(单位：亿元)

年　份	利用外资资金	全省全社会固定资产投资额	比重(%)
1980	1.48	38.29	3.8
1996	494.70	2 327.64	21.2
2000	357.05	3 233.70	11.0
2003	510.51	5 030.57	10.1
2004	554.96	5 983.27	9.2

资料来源：根据《广东省统计年鉴》各期整理。

从增长率看，广东省外商投资固定资产与固定资产投资之比的平均增长率也处于高增长态势。据邓宁1996年的估计，在1975—1980年到1990—1994年的这段时间内，世界各地区外商投资固定资产与固定资产投资之比的平均增长率大多在2%～3%之间，最高为8%，最低只有0.5%，而广东省的增长率最高达到11.8%。

2. 外资是广东外贸出口的重要拉动因素

广东省出口额在全国遥遥领先，其中外商投资企业是广东外贸的发展的重要拉动因素。从进出口规模看，外商投资企业对广东省的外贸进出口的贡献和作用越来越大（表 7－2）。1992 年，广东省外商投资企业进出口总额占全省进出口总值的 32.37%，出口占 39.15%。2004 年，广东省外商投资企业进出口额达到 2 265.3 亿美元，进出口增量占全省总增量的 70.5%，其中出口 1 217.1 亿美元，该数值是 1990 年的 22.2 倍，占全省出口总额的比重达 63.5%，比 1990、1995、2000 年分别上升了 38.9、18.0、9.7 个百分点。

表 7－2　广东省利用外资资金占全社会固定资产投资额的比重（单位：亿美元）

年　份	出　口　额			进　口　额		
	全　省	外商投资企业	所占比重	全　省	外商投资企业	所占比重
1990	222.21	54.81	24.6	196.77	70.86	36.0
1995	565.92	257.59	45.5	473.8	274.51	57.9
2000	919.19	495.09	53.8	781.87	425.27	54.3
2003	1 528.48	953.73	62.3	1 306.74	793.03	60.6
2004	1 915.58	1 217.1	63.5	1 655.75	1 048.2	63.3

资料来源：根据《广东省统计年鉴》各期整理。

从进出口产品结构看，外商直接投资拉动了广东省出口产品结构的升级。1987 年，广东省出口的初级产品的所占比重为 15.2%，工业制成品占 84.8%。到了 2002 年，初级产品所占比重为 3.1%，工业制成品占 96.9%，贸易结构发生了较大的变化，这种变化与外商直接投资有较大的关系。以高新技术产业为例，广东省高新技术出口快速增长，拉动了出口产品结构升级。2004 年广东省高新技术产品出口达到 664.64 亿美元，对出口增长的贡献率为 47.7%。而广东省高新技术产业出口主要依靠外商直接投资企业来完成。外资企业的高新技术产业的出口额占全省同类产品出口的七成以上，对高新技术产品出口增长的贡献率超过了70%。

3. 外资是广东省技术进步的重要推动因素

外商直接投资促进了广东省技术水平的提高。外资引进了大量的先进技术。广东三资企业引进的技术，有的已达到国际水平或国内先进水平，引进的一些新技术还填补了国内空白，使大批产品能够升级换代。2004年以来，索尼、汤姆逊、博科通讯、日立电梯、东风日产、意法微电子等跨国公司和大企业纷纷在粤设立研发中心，电子信息、汽车、石油化工等行业的跨国公司、大企业纷纷落户广东省。如惠州依托中海壳牌大力发展石化产业，引来美国、法国、日本及台湾地区的著名化工企业，达成聚苯乙烯、ABS、MMA、PVC、氨纶等项目意向。日立将投资5亿美元在深圳兴建“超级硬盘生产中心”。金柏科技有限公司将投资1亿美元，在南沙开发区发展半导体集成电路封装生产项目。广州汽车集团与日本丰田汽车合作投资设立广汽丰田发动机和广州丰田汽车有限公司等。通过技术引进、消化、吸收，提高了广东省技术开发和科研创新能力，促进了科技进步。

7.2 分析模型的建立

前几章的实证研究都是以第3章的模型框架为基础来建立线性的回归方程，在技术输入模型和技术转移模型中，都是将人力资本作为解释变量引入回归方程，所得到的结论是人力资本的确影响FDI的技术转移效应，以及我国目前的人力资本不足以促进FDI技术转移效应的实现。本章以广东省作为个案研究，将以广东省分省市的资料作为实证样本。在《广东省统计年鉴》中，所统计的资料和《中国统计年鉴》、《中国工业统计年鉴》以及《中国教育统计年鉴》不尽相同，前三章的实证方法中所需资料在《广东省统计年鉴》中部分无法获得(如广东省没有统计各市小学、中学、大学所需要的教育经费，也没有划分各市各种教育水平的劳动力人数)。为了从多角度研究人力资本影响 FDI 技术转移效应的作用机理，也为了不和第 4 章中的分地区样本的实证方法重复，本章所采取的实证方法和前几章的实证方法有所变更。人力资本是东道国吸收能力的核心因素，本章将以人力资本水平的大小程度对样本进行分组，以求更深入的了解广东省的人力资本水平是否影响 FDI 技术转移效应。

7.2.1　计量模型的设立

本章的模型方法借鉴 Feder(1982)的做法，将整个工业经济分为外资部门和内资部门两部分。通过建立一个能测度外商直接投资对内资工业企业影响的生产函数进行。其中假设外资部门对内资部门的技术转移效应主要来自外资部门对其资本的运用，把外资工业企业的总资本计入内资工业部门的生产函数中，即外资工业部门的资本积累将对内资部门生产力发生间接的影响，这就是外溢效应。当反映外资工业企业的资本积累的解释变量与内资部门的总产出存在显著正相关关系时，就认为外商直接投资技术转移效应存在。也就意味着外资企业的资本积累促进了内资企业的产出，那么外商直接投资的技术转移效应为正。如果外资企业的资本积累抑制了内资企业的生产力，则外商直接投资的技术转移效应为负。

内资工业产出的生产函数为：

$$Y_d = f(K_d, L_d, K_f) \tag{7-1}$$

式(7-1)中，Y_d 表示内资工业部门的总产出，K_d、L_d 表示内资工业部门的资本存量与劳动力数量，K_f 表示外资工业部门的资本数量。对式(7-1)进行微分，得：

$$\Delta Y_d = H_K \times \Delta K_d + H_L \times \Delta L_d + F_K \times \Delta K_f \quad (7-2)$$

这里 Δ 表示增量，H_K、H_L 分别表示内资工业部门的资本与劳动力的边际生产率。F_K 表示外资部门的资本边际生产率。外资工业资本的变化与其资本边际生产率的乘积，表示了外资工业企业投资积累引起的内资工业部门总产量的变化。式(7-2)可进一步变形如下：

$$\frac{\Delta Y_d}{Y_d} = \frac{H_K \times K_d}{Y_d} \times \frac{\Delta K_d}{K_d} + \frac{H_L \times L_d}{Y_d} \times \frac{\Delta L_d}{L_d} + \frac{F_K \times K_f}{Y_d} \times \frac{\Delta K_f}{K_f}$$

或 $$\frac{\Delta Y_d}{Y_d} = \alpha \frac{\Delta K_d}{K_d} + \beta \frac{\Delta L_d}{L_d} + \gamma \frac{\Delta K_f}{K_f} \quad (7-3)$$

其中，α、β 分别表示内资工业企业资本与劳动的边际生产弹性，γ 表示外资工业企业资本积累对内资工业企业的边际生产弹性，它的正负与大小反映了外商投资外溢效应的方向与力度。

在进行参数估计时，本书采取了如下双对数回归模型：

$$\ln Y_d = C_0 + C_1 \ln K_d + C_2 \ln L_d + C_3 \ln K_f + \varepsilon \quad (7-4)$$

式(7-4)中具体变量依次为：

Y_d：广东省各市内资企业的工业总产值(单位：亿元)，此变量代表内资企业的生产力。本章中以内资企业的工业总产值作为被解释变量，其余变量为解释变量。

K_d：广东省各市内资企业的资本数量(单位：亿元)。

L_d：广东省各市内资企业的劳动力数量(单位：万人)。

K_f：广东省三资企业的资本数量(单位：亿元)。在式(7-4)中,外商直接投资的系数 $C3$ 是我们研究的主要对象。如果 $C3$ 为正,并且从统计上是显著的,则说明 FDI 对广东省经济增长有积极的技术转移作用。如果 $C3$ 为负,并且从统计上是显著的,则说明 FDI 没有发挥新增长理论所预言的外溢效应,相反,对经济增长还有负面作用。

ε：误差项。

以上是根据道格拉斯生产函数扩展出来的回归方程式。本书将以人力资本高低水平将样本进行分组回归。

7.2.2　数据说明

本书选取外商直接投资比较密集的广东省作为研究对象,选取的是 1999—2002 年广东省 21 个城市 84 个数据进行回归,包括广州、深圳、珠海、汕头、韶关、河源、梅州、惠州、汕尾、东莞、中山、江门、佛山、阳江、湛江、茂名、肇庆、清远、潮州、揭阳和云浮。数据来源于《广东省统计年鉴》相关各期。

广东省的个案分析同样选择工业经济作为分析对象。外资企业的产出用“港澳台投资经济”和“外商投资经济”的工业总产值之和来代表。内资企业的产出则为全部工业经济的工业总产值与外资企业的工业总产值的差值。同理,其他有关内资企业的变量亦由全部工业企业该变量的数值与三资企业数值之差代表。在资本数量的选取上,我国采用的与西方国家不同的国民经济核算体系,因而很难找到西方经济意义上的资本存量。本书沿用了何洁(2000)等学者的做法,用“年末资产总计”计算企业的资本投入。企业年末资产指企业拥有或控制的全部资产,包括流动资产、长期资产、固定投资、固定资产、无形及递延资产等。劳动投入则用每年《广东省统计年鉴》中公布的“职工平均人数”来衡量。

7.3 实证结果及分析

在新增长理论中，人力资本是一个非常重要的因素。一个国家相当的人力资本投入是吸引外商直接投资的诱导性因素，也是 FDI 技术转移实现的核心因素之一。先进技术的掌握和运用，都和使用技术的人的素质相关。因此，人力资本水平的高低，会影响到一个国家吸收外商直接投资技术转移效应的水平。本节选用了几个反映人力资本水平的替代指标，对广东省 4 年的样本进行分组，分析各城市的人力资本水平高低是否影响到外商直接投资的技术转移效应。

7.3.1 总体回归结果

在进入样本分组之前，我们先看看全体样本的回归结果。

表 7-3 广东省全体样本的回归结果

变　量	回归系数	标准差	T 统计值	P 值
K_d	1.065	0.078	13.697	0.000
L_d	−0.235	0.098	−2.404	0.019
K_f	0.069	0.044	1.583	0.117
R^2	0.897	回归平方和	103.350	
调整后的 R^2	0.893	残差平方和	11.847	
F-值	232.636	Durbin-Watson 值	2.177	

从表 7-3 的结果看，资本投入促进了广东省内资企业的工业产出，其回归系数为 1.065，通过了 1%水平的显著性检验。但意外的是，劳动力投入对广东省内资企业的工业产出没有正的影响，其回归系数为负。

这说明广东省内资企业中员工的贡献度不高，劳动力效率的低下，阻碍了内资企业经济的增长。从整体样本看，外商直接投资对广东省的技术转移效应不明显，并没有通过显著性检验。本书认为导致广东省 FDI 技术转移效应不明显的原因主要有两个。第一，广东省吸引的外商直接投资多来自港澳台地区，大多投向劳动密集型产业。吸收的外商直接投资技术水平不是很高，FDI 技术转移的潜力也随之下降①。第二，广东省位于我国的东南沿海，毗邻港澳，开放前广东省的经济结构多以农业为主，没有一个长期的、稳固的工业发展背景，当地企业的技术水平合研发能力不强。广东省自身的高校及科研机构较少，大量的人才需要从省外或国外引进，人力资源方面与长江三角洲相比有较大的差距。广东省内资企业的吸收水平也阻碍了外商直接投资技术转移效应的实现。

7.3.2　样本分组的回归结果

本书选取了四个人力资本指标对广东省的样本进行分组，这四个指标是：职工中专业技术人员的比例、总人口中高校在校生的比例、参加人才培训的人数占总的职工人数的比例、参加人才交流的人数占总的职工人数的比例。前两个指标反映的是一个地区人力资本存量的情况。第三个指标反映一个地区人力资本投资的情况，教育和在职培训都是人力资本投资的重要形式。第四个指标是考虑到人力资本的流动性。外商直接投资技术转移效应的一个关键的途径就是通过人才的回流(Labor Turnover)实现的。东道国员工在外资企业工作期间积累了各种相关的技能，当这些员工“跳槽”到东道国当地企业或创办自己的公司时，其在跨国公司所学的各种技术也随之外流，技术转移效应便会随之发生(Geosenberg，1987；凯茨，1987)。本书选用了广东省各市参加人才

① 有关于港澳台投资企业和其他外资企业的技术转移效应的差异，参见郭英《港澳台企业和其他外资企业技术外溢的比较研究》。

交流的人数比例来大概反映各市人才流动的情况，所有数据均来自《广东省统计年鉴》各期。

1. 指标一：职工中专业技术人员的比例

依据该指标对广东省4年的城市样本进行分组，所得结果如下：

表7-4 职工中专业技术人员的比例较高的样本回归结果

变 量	回归系数	标准差	T统计值	P值
K_d	1.505	0.223	6.739	0.000
L_d	−0.661	0.157	−4.209	0.001
K_f	0.175	0.085	2.056	0.056
R^2	0.932	回归平方和	11.155	
调整后的R^2	0.920	残差平方和	0.807	
F-值	73.676	Durbin-Watson值	2.129 6	

对比表7-4和表7-5的结果，我们可以发现，在职工中专业技术人员的比例较低的样本回归结果中，外商直接投资对广东省内资企业的生产力有着正面的显著的影响，而在职工中专业技术人员的比例较低的样本回归结果中，FDI的技术转移效应不产生。人力资本水平高的这一组，外资投入对内资企业总产值产生正面效应，技术转移效应产生。

表7-5 职工中专业技术人员的比例较低的样本回归结果

变 量	回归系数	标准差	T统计值	P值
K_d	1.037	0.085	12.261	0.000
L_d	−0.02	0.169	−0.119	0.906
K_f	0.029	0.050	0.576	0.566
R^2	0.888	回归平方和	74.583	
调整后的R^2	0.882	残差平方和	9.444	
F-值	157.943	Durbin-Watson值	2.041	

对比表 7－3 和表 7－4 的结果，表 7－3 显示，从广东省整体样本看，外商直接投资对内资企业的总产值没有影响，而在人力资本水平较高的样本中，FDI 的技术转移效应为正。企业中高素质的技术和管理人才对内资企业吸收外资企业的技术转移效应作用非常明显。这说明了人力资本水平的确影响 FDI 技术转移效应。人力资本水平越高，一个国家或地区的吸收能力越强，外商直接投资的技术转移效应越容易产生，效果越好。

2. 指标二：总人口中高校在校生的比例

从广东省城市样本来看，各个城市间高校在校生比例存在着较大的差距。如 2002 年，珠海、潮州、河源、云浮等城市的高校在校生比例为零。这说明，在广东省 21 个城市中，人力资本水平差异比较大。依据指标二对广东省的全体样本进行分组，所得的结果如下：

表 7－6　总人口中高校在校生比例较高的样本回归结果

变　量	回归系数	标准差	T 统计值	P 值
K_d	0.967	0.076	12.657	0.000
L_d	−0.336	0.093	−3.618	0.001
K_f	0.163	0.046	3.564	0.001
R^2	0.948	回归平方和	77.100	
调整后的 R^2	0.945	残差平方和	4.246	
F-值	290.520	Durbin-Watson 值	1.972	

表 7－7　总人口中高校在校生比例较低的样本回归结果

变　量	回归系数	标准差	T 统计值	P 值
K_d	1.141	0.187	6.102	0.000
L_d	0.158	0.347	0.457	0.651
K_f	0.03	0.101	0.299	0.767

续 表

变　量	回归系数	标准差	T统计值	P值
R^2	0.826	回归平方和	27.941	
调整后的R^2	0.808	残差平方和	5.869	
F-值	44.432	Durbin-Watson值	2.460	

根据指标二所回归的结果和指标一的结果类似，即人力资本水平较高的样本回归结果中，外资的资本投入对广东省内资企业的生产力有正的显著的影响(外资投入的回归系数为0.163，通过了1%水平的显著性检验)，FDI的技术转移效应比较明显。而总人口中高校在校生比例较低的样本，FDI的技术转移效应不明显。指标一和指标二的分组结论共同验证了，在广东省这个个案分析中，人力资本的确影响外商直接投资的技术转移效应，人力资本水平越高，外商直接投资的技术转移效应越容易产生。

3. 指标三：参加人才培训的人数占总的职工人数的比例

根据人力资本理论，原生的劳动力并不是一种人力资本，必须对其投资才能转化为现实的劳动力。而人力资本的投资方式中存在着两种非常重要的模式，即正规的学校教育以及进入劳动力市场以后的在职培训。培训是企业有计划的帮助员工在其学习与工作中，能够将他们的综合能力进行有效提高而采取的一种行为努力，是企业全面提升其人力资源质量的有效的举措。这种人力资本投资，不仅仅是对企业中人力资源进行基本技能的提高与开发，更重要的是使企业中的人力资源能够自觉地完成将他们所学习、掌握的具体技能，灵活的转变为对不同知识的创造与共享上来。培训是企业人力资本管理的重要内容，特定职业方面的技能培训会给企业直接和迅速地带来经济利益。

表7-8和表7-9是根据参加人才培训的人数占总的职工人数的比

例这个指标进行样本分组后得出的回归结果。根据 2002 年的统计资料，广东省各城市间对职工进行培训的情况也显示出比较大的差异。广州、汕头、深圳等城市职工中参加人才培训的人数较多，而汕尾、东莞、中山、茂名、清远、潮州、揭阳这几个城市职工中参加人才培训的人数非常少。以指标三分组的结果和前两个指标分组所得的结果类似。在参加人才培训人数比例较高的样本中，外资投入对内资企业的生产力的影响为正，技术转移效应为明显。而在另一组样本中，FDI 的技术转移效应并不明显。这说明，人力资本投资较多的地区，FDI 的技术转移效应越明显。要实现外商直接投资的技术转移效应，就需要对劳动力实行一定的培训，提高员工的素质。

表 7－8　参加人才培训的人数占总的职工人数的比例较高的样本回归结果

变　量	回归系数	标准差	T 统计值	P 值
K_d	0.947	0.088	10.797	0.000
L_d	−0.304	0.106	−2.882	0.006
K_f	0.175	0.049	3.555	0.001
R^2	0.919	回归平方和	63.970	
调整后的 R^2	0.914	残差平方和	5.669	
F-值	195.580	Durbin-Watson 值	2.241	

表 7－9　参加人才培训的人数占总的职工人数的比例较低的样本回归结果

变　量	回归系数	标准差	T 统计值	P 值
K_d	1.339	0.163	8.222	0.000
L_d	−0.705	0.347	−2.033	0.053
K_f	−0.201	0.126	−1.596	0.124
R^2	0.864	回归平方和	29.017	
调整后的 R^2	0.847	残差平方和	4.552	
F-值	50.994	Durbin-Watson 值	1.875	

4. 指标四：参加人才交流的人数占总的职工人数的比例

人才回流(Labor Turnover)是FDI技术转移效应产生的重要渠道。广东省的跨国公司对员工的培训力度较大。如宝洁公司一直努力把先进的管理系统和方法引入中国，并为公司年轻且具有发展潜质的中国员工提供广泛的发展机会和工作培训，公司每年经过独具特色的培训，对员工进行入职培训、管理技能培训和商业知识培训以及专业技术的在职培训，培养了一大批优秀人才。其他的跨国公司，如华强三洋、欧姆龙、康柏和IBM等公司都有培训中方管理人员和其他专业人员的具体周到的安排。通过培训，广东省迅速成长了一批现代企业的管理人员、技术人员。这些管理、技术人才如果回流到广东省的本土企业，FDI的技术转移效应就产生。

表7-10和表7-11显示的结果反映：人才流动程度不高的地区，外资投入对内资企业的生产力没有存在技术转移效应，回归结果没有通过检验。而人才流动程度高的地区，外资投入对内资企业的生产力存在的负的影响(外资变量的回归系数为−0.157)，并且通过了5%水平的显著性检验。

表7-10　参加人才交流的人数占总的职工人数的比例高的样本回归结果

变　量	回归系数	标准差	T统计值	P值
K_d	1.063	0.116	9.146	0.000
L_d	−0.139	0.089	−1.570	0.132
K_f	−0.157	0.073	−2.152	0.044
R^2	0.944	回归平方和	12.272	
调整后的R^2	0.935	残差平方和	0.731	
F-值	111.874	Durbin-Watson值	2.074	

表 7-11　参加人才交流的人数占总的职工人数的比例低的样本回归结果

变　量	回归系数	标准差	T 统计值	P 值
K_d	1.014	0.092	11.068	0.000
L_d	−0.115	0.165	−0.694	0.491
K_f	0.033	0.056	0.591	0.557
R^2	0.835	回归平方和	47.138	
调整后的 R^2	0.826	残差平方和	9.334	
F-值	94.265	Durbin-Watson 值	2.146	

深入分析表 7-10 中的结果，人才流动并没有产生期望中的技术转移效应。国外文献也证实了同其他技术转移的渠道相比较，人员流动产生技术转移的研究还比较缺乏，而且还难以得出定论（Blomstrom and Kokko，1998）。Behrman 和 Wallender（1976）早期的研究发现，人员流动在某些条件下是技术转移的重要渠道，但是在一些情况下其作用很小。Gerschenberg（1987）分析了肯尼亚的跨国公司的行为，研究发现跨国公司的管理者的流动率低于当地企业的管理者的流动率。在对台湾的研究中，Pack（1993）发现跨国公司的管理人员跳槽到本地企业的现象比较显著。Aitken 等（1997）研究了墨西哥、委内瑞拉和美国吸引的外资对三个国家的本地员工工资的影响情况，结果发现墨西哥和委内瑞拉吸引的外资对本地员工的工资没有影响，但在美国，外资的流入导致了跨国公司的分支机构和当地企业的员工工资均得到提高。这就间接表明美国的人员流动产生了技术转移，但在其他两个国家跨国公司的高工资水平阻碍了人员的流动，影响了技术转移水平。在有关跨国公司内部劳动力更替情况的调研发现，工资标准及工作条件是决定跨国公司分支机构雇员向当地企业流动的重要决定因素。当跨国公司的工资特别具有诱惑力时，受雇人员的流动率极低。人员流动是否能产生溢出效应还

受到雇员技能水平的影响。在发展中国家的出口加工区,因为具有吸引力的工作条件,受雇人员的流动率可达 50%甚至更高。但这些雇员大多是低技能劳动力,跨国公司对他们的培训投资很少甚至没有,所以人员流动产生的溢出效应很小。

具体到广东省,以上结论说明了,由于外资企业和内资企业在薪酬待遇和工作环境方面的差异,虽然外资企业的人力资源流动活跃,但大多数的人员是在外资企业之间流动,极少回流到内资企业,因此人才回流产生的技术转移效应不明显。

7.4 本章小结

本章选择广东省的城市样本作为人力资本影响 FDI 技术转移效应的案例研究。从数据的可取性出发,选择的方法和前 3 章不同,不是将人力资本作为解释变量,而是通过扩展的道格拉斯生产函数建立线性回归方程式,按照人力资本水平的高低进行样本分组,分别计量不同样本组的结果。本章所得结论可归纳如下:

1. 从广东省的个案研究看,人力资本确实影响外商直接投资技术转移效应的实现。依据前三个指标分组的结果,人力资本存量水平较高的样本组(以高校在校生比例和职工中专业技术人员的比例作为指标),FDI 的技术转移效应为正并且通过了显著性检验。人力资本投资较高的样本组(以参加人才培训的人数占总的职工人数的比例作为指标),FDI 的技术转移效应同样为正并且通过了显著性检验。人力资本水平越高,FDI 的技术转移效应越明显。这和前三章的实证结论相符合。

2. 从广东省的研究结果看,人才回流产生的技术转移效应并不明显。这说明广东省的外资企业工作的人才大部分是在外资企业之间流动，很少回流到广东本土企业，可能的原因是内资企业的薪酬待遇等不如外资企业，不能吸引优秀人才回流到本土企业，从而抑制了技术转移效应的产生，这其中隐含的政策建议就是内资企业必须重新定位吸引人才的用人机制。

第8章

促进 FDI 技术转移效应的政策建议——从人力资本角度的思考

我国已经吸引了大量的外商直接投资。作为弥补我国技术缺口的重要原动力，外资的大量流入带来了技术转移的潜力。如何提高我国吸收国际技术转移的能力，是目前最重要的问题。外资流入不会自动产生技术转移效应，只有在东道国具有良好的吸收能力前提之下，技术转移效应才能产生。本书认为人力资本可作为我国提升吸收能力的切入点。本章将在前几章实证检验的基础上，从人力资本角度提出促进 FDI 技术转移效应的政策建议。人力资本、外商直接投资、技术转移效应存在着良性循环关系。人力资本的发展，可以依靠本国的力量，也受到外商直接投资的影响。从人力资本角度制定促进技术转移效应的政策时，要考虑到外商直接投资对我国人力资本发展的作用。本章第一节阐述人力资本对外资效率的影响，第二节分析外商直接投资的进入对东道国人力资本水平的影响。第三节将提出相关的政策建议，制定人力资本发展的长效机制，通过三者间的内在联系，实现良性循环。

8.1　人力资本与外资效率的提升

我国正处于工业化初期到工业化中期过渡的发展阶段，对于一个发展中的大国，这是一个十分关键的阶段。在面临全球经济一体化和知识经济兴起的背景下，资本、劳动力、商品和服务更自由地流动，使得各国使用和分享全球知识体系和资源的可能性日益增加。对于我们国家来说，在这一阶段，如何继续保持经济增长的发展势头，缩短与发达国家的差距，实现可持续增长，只能依靠人力资本和技术进步。

中国从 20 世纪 90 年代开始大规模持续的吸引外商直接投资，的确对中国经济的发展起了巨大的推动作用。外商直接投资作为资金、技术、管理经验的结合体，我国利用外资的重点已经开始转向跨国公司的先进技术以及有效使用先进技术的能力。那么，外商直接投资对我国技术进步的推动到底有多大？外资是不是像我们所想象中的具备提升我国整体生产力和产业结构的能力呢？这就涉及外资在中国的效率问题。

在承认外商直接投资对我国经济推动作用的同时，也要关注一下外商直接投资现存的问题。除了在前面几章中提到的 FDI 在投向上存在地区分布不平衡、产业分布不平衡而引起我国区域经济发展失衡的问题外，在 FDI 技术转移方面，我国“以市场换技术”的战略也没有达到预期的目标。从技术的先进性看，外商直接投资带来的很先进的技术比较少。从外商直接投资的领域看，主要投向劳动密集型的终端产品加工组装，这类技术档次低。在为数不多的成熟技术里，外方只转让其在国内淘汰的技术而对核心部分严格封锁。

可见，只注重在数量上大力吸收外商直接投资并不一定会达到 FDI

技术转移的目标。外商直接投资带来的是技术转移的潜力，但不会自动提高我国企业的生产力。外商直接投资的技术转移是我们引起外资过程中亟待解决的问题。提高利用外资的效率，提高吸收技术转移的能力，才能真正为我所用，才能弥补国内技术创新能力的不足，提高国内企业生产技术水平。

在影响FDI技术转移效应的众多因素中，本书把人力资本提到至关重要的地位。这不仅和经济发展的阶段有关，也和人力资本在FDI技术转移效应中的作用有关。

从经济发展阶段看，人力资本已经成为全球经济一体化和知识经济时代的关键要素。21世纪是知识经济时代，是科技和生产力高速发展的时代。在知识经济中，"知识"和"知识资本"作为独立的主体性要素主导和决定着整个社会和长期经济增长。知识资本涵盖了人力资本，知识资本是由人力资本推动、主导和运营的。知识经济社会的生产和增长是依托高智能人力资本推动智能工具进行知识创新来完成的，智能化人力资本是知识经济的主体要素和增长基础。

从人力资本与外商直接投资、FDI技术转移效应的关系看，人力资本是其中不可缺的环节。人力资本理论和我国人力资本影响FDI技术转移效应的实证都证明，人力资本是新形势下我国寻求经济增长方式转变，寻求技术进步的突破口。只有在东道国存在良好人力资本基础的情况下，才会诱导技术和资本密集型的外商直接投资大量流入。这种技术含量高的外商直接投资所带来的技术转移的潜力相当大。跨国公司通过和当地高质量的人力资本相结合，不断地增加研发投入，雇佣培训本土化的管理人才，和当地企业产生合作与竞争关系。通过技术转移的渠道，外商直接投资的技术转移效应才能真正地为内资企业所吸收。在《2005年世界投资报告》中，认为东道国应该从4个方面制定相应政策最大吸收跨国公司研发活动国际化的利益：人力资本、公共研发、知识产权保护和竞争政策。其中，提高人力资本水平是最大化吸收技术转移效应的首要政策。

我国存在丰富的人力资源，但人力资本相对短缺。根据国家统计局发布的《中华人民共和国 2004 年国民经济和社会发展统计公报》，2004 年末我国总人口为 129 988 万人。根据全国第五次人口普查数据建立的人口仿真模型预测，到 2013 年，我国的劳动年龄人口将达到 10 亿人左右。这些数据显示，我国的劳动力数量充裕，数量上近乎“无限供给”。但我国人力资源水平与发达国家和新兴工业化国家相比存有很大差距。据“中国教育与人力资源问题报告”的资料显示，我国 15 岁以上国民收教育年限仅为 7.85 年，25 岁以上人口人均教育年限为 7.42 年，两项平均不到初中二年级水平。而在美国和韩国，25—64 岁人口中具有高中及以上受教育水平者比例分别占 87%和 66%。其中，接受过高等教育的人口比例分别占 35%和 23%。相比之下，中国 2000 年 25—64 岁人口中具有高中及以上教育水平者只占 18%，具有初中以下教育水平的占 82%，具有小学及小学以下教育水平者比例高达 42%。每百人中受大专及以上教育的人不足 5 人。人力资源开发是中国转变经济增长方式、实现可持续发展的瓶颈。要实现外商直接投资对我国经济增长的长足作用，提高外商直接投资的技术转移效应，最终要落脚于如何通过我国人力资源结构优化与积累提高对外商直接投资的吸收能力上。

8.2　外商直接投资与发展中国家的人力资本发展

人力资本不仅仅影响一国内部经济增长，同时也和外部经济交往比如外商直接投资（FDI）存在互为补充的关系。发展中国家在寻求新的增长模式时，必然要考虑提高本国的人力资本水平。值得注意的是，除了依靠本国的力量提升人力资本外，外商直接投资对东道国的人力资本发展也存在着较大的影响，主要通过影响东道国的正规教育和在职培训提升东道国的人力资本水平。

8.2.1 外商直接投资与东道国的正规教育

外商直接投资对东道国的人力资本的影响方式之一，就是影响东道国的正规教育。为了能够雇佣到与其技术水平相适应的员工，跨国公司分支机构会对发展中东道国的正规教育施加积极的影响，一定程度上促进了东道国的人力资本发展。

跨国公司有利于为东道国创造一个良好的教育环境。首先跨国公司的产出和税赋贡献使得东道国有更多的财力支持教育投资。其次，发展中国家每年外商投资流量都比较稳定，这使得东道国政府能够更好地安排教育投资。具体到不同的教育等级，跨国公司的影响归纳如下：

1. 跨国公司对初中级教育施加影响。方式主要包括向中小学校提供金融资助或专家学者，捐助或资助电脑等资本设备；为那些被公共教育拒之门外或敷衍了事的人们提供补习教育的机会。例如，尤尼莱佛和美孚石油公司向它们在发展中国家分支机构中没有受过或受过很少教育的工作人员提供阅读、写作和算术方面的教育。相对于跨国公司对高等教育的作用而言，跨国公司对东道国初中等教育的影响要小得多。

2. 跨国公司对高等教育施加影响。跨国公司分支机构为当地高技能的理、工、商专业毕业生提供就业机会，由于被雇佣者享受了跨国公司的高工资和优越的福利待遇，从而刺激了发展中东道国人们对高层次教育的追求。跨国公司的进入，会影响东道国熟练劳动力的供给和需求。

跨国公司可以通过以下三种渠道影响东道国的劳动力市场需求（Matthew J. Slaughter，2002）：

（1）跨国公司内部技术转移。为了增强子公司的竞争地位，跨国公司会向其子公司转让技术、专门知识和技能，这些技能偏向型的创新活动会促使子公司增加对东道国熟练劳动力的需求。美国商务部的经济分析署（BEA）研究发现，1982 年，美国企业的海外子公司从事 6.4%的研发活动，但是 1994 年的数据显示，比例已经上升到 11.5%，这说明跨国公司确实存在内部技术转移。与此同时，BEA 也发现，1977 年，美国企业分布在海外的制造业子公司雇用了 237 万生产线工人，140 万非生产线工人，但到了 1994 年，生产线工人降到了 209 万，而非生产线工人增加到了 142 万。这项研究意味着，跨国公司的内部技术转移会增加子公司对东道国熟练劳动力的需求。

（2）子公司对当地企业的技术转让或技术溢出。跨国公司可以通过许可证交易向当地企业转让技术与管理经验，也可以通过非市场渠道实现技术溢出。这两种方式意味着 FDI 的流入可能会增加当地企业对熟练劳动力的需求。

（3）跨国公司和当地企业的资本投资。不管是跨国公司还是当地企业，在运用新技术时必须增加新的资本投资（如购买计算机和办公产品）。资本和技能都是企业的生产要素，Hamermesh（1993）认为资本投资会提升企业对熟练劳动力的需求。美国商务部的经济分析署在统计中也发现，从 1977 年至 1994 年，美国企业的海外子公司所占的资本投资的比重从 22%上升到 32%，资本的扩张是熟练劳动力需求增加的一个动力。

供给方面不仅表现在跨国公司提供奖学金和资助雇员接受更高层次的教育，而且也表现为跨国公司通过一系列方式向更高层次的教育机构提供资助或与之建立联系。跨国公司从自身的利益角度，凭借自己的实力，对发展中东道国的高等教育机构提供金融资助，甚至有些跨国公司的高层管理部门扮演了类似的教育机构和证书经办人的角色。

UNCTAD(1999)的一份研究表明，泰国的培训课程的设置是由泰国政府和国际商业委员会(主要成员为跨国公司)共同制定的。在马来西亚，一些技术发展中心(如 Penang 技术发展中心)就是由政府、当地企业和跨国公司共同建立的。跨国公司为员工提供高薪和良好的发展机会，能够吸引东道国的海外学子学成回国工作，抑制了本国人才的外流。二十世纪 90 年代，爱尔兰吸引了大量的外商直接投资。Brumley(2001)研究发现，在 20 世纪 90 年代之前，爱尔兰每年的海外移民净流出量为 35 000 人，但是 20 世纪 90 年代每年移民的净流入量达到 45 000 人，这些人大部分都是爱尔兰侨民。

8.2.2 外商直接投资与东道国的在职培训

跨国公司进入东道国市场，必然会增加东道国的就业水平，这是对东道国人力资本量上的影响。而且，跨国公司给员工提供各种形式的培训。一个国家职业技能的培训可以由政府机构和部门、私营部门(含跨国公司)完成。需要注意的是，跨国公司所提供的培训是重要组成部分(如新加坡，参见表 8-1)。相对于正规教育而言，特定职业方面的技能培训会直接和迅速地带来经济利益。正因为如此，跨国公司分支机构不遗余力地为其在发展中东道国的雇员提供在职培训，由此促进东道国的

表 8-1 跨国公司对新加坡职业培训的贡献

跨国公司	提供的培训
塔 塔	工具和模具制造、精密机械制造
布朗—博维里	工具和模具生产、精密机械制造
飞利浦	精密机械制造
计算机设计公司	机械设计、制图、数字控制、结构分析、电路板设计
美国工程师建筑协会	机器人应用、机器人程序编制、操作、维修和服务、规划工程

资料来源：海菲兹、默赞，《跨国公司和新加坡经济增长》，伦敦克鲁姆·海尔姆出版社，1986。

人力资本开发。Gerschenberg(1987)研究了肯尼亚跨国公司的培训情况，他发现就企业对他们的管理层提供的培训而言，跨国公司比肯尼亚的当地企业要多得多。

Tan and Batra(1995)发现，企业规模越大，雇员的教育水平管越高，研发投资越大，越倾向于为员工提供培训。这些企业特征正是和跨国公司紧密相关。在很多国家，跨国公司的分支机构所提供的培训费用远远高于发展中东道国的当地同类企业，而且与母公司相差无几。例如，瑞典制造业跨国公司的分支机构当地雇员的人均培训费用与母公司非常接近。两者之比在交通业为 4∶3，电子业为 1∶1，机械业为 9∶10。在土耳其，跨国公司的分支机构提供的培训费用是当地企业的两倍以上(D. 俄登，1988)。Iyanda and Bello(1979)发现尼日利亚的跨国公司在培训方面花费的人均费用是本土公司的 5 倍。

跨国公司在东道国的培训和一些因素相关。首先，跨国公司提供的培训与其所处的行业的 R&D 密度正相关。服务业的员工培训比例要低于制造业。制造业内部，纺织与化工业的培训机会低于机械和电子业。其次，培训依据工人类型而异。管理人员和专业人员的受训机会远高于销售人员和其他人员。例如，在马来西亚的跨国公司分支机构中，约有 45%的管理人员和超过 40%的专业与技术性员工接受过培训，但是只有 16%的销售人员和不足 2%的其他类型的员工有培训的机会。第三，培训和跨国公司进入东道国的战略相关。绿地投资方式所提供的培训机会大于并购方式。

跨国公司通过培训提高了员工的技能水平，随着跨国公司国际生产一体化的扩展，跨国公司以职业开发与晋升的方式启用东道国的人力资本的趋势正逐步加强。跨国公司对东道国人力资本的影响给我们的启示是：东道国在制定人力资本发展政策时，可以考虑跨国公司的作用。

8.3 相关政策建议

东道国的人力资本水平是吸收FDI规模和质量的诱导性因素。东道国员工的一般技能水平和认知能力对决定跨国公司培训项目尤其重要。发展中国家要想从跨国公司的培训投资中受益,也必须具备一定水平的人力资本。

本书从我国整体样本、分地区样本、行业样本以及广东省的个案研究对人力资本影响FDI技术转移效应的作用机理进行了实证检验,得出人力资本水平的确影响我国FDI技术转移效应的结论。但研究的结论也揭示了目前我国的人力资本水平阻碍了外商直接投资技术外溢效应的发挥。

发展中国家的经验已经表明,政府的宏观政策在吸收外国直接投资和技术转移中的确发挥着作用。跨国公司的研发活动、培训行为等都会受到东道国政府宏观政策的影响。因此,根据本书的理论和实证分析,应从战略高度审视我国FDI吸收能力的升级,要以人力资本为根本,提高我国总体的人力资本水平。

8.3.1 加大教育投入,调整分配方向和结构

增加对教育的投资是增加我国人力资本存量水平和提高人力资本质量的基本途径。这一人力资本开发方式的有效性也将影响到其他人力资本投资方式的效率。

人力资本投资的重要主体就是政府,由于教育的重要性以及外部性,教育的发展离不开政府的投资。公共教育支出占GDP/GNP的比重是最常使用的衡量公共教育支出总量的一个指标,它是指地方、地区

及中央政府在教育上的经常性支出和资本性支出(不包括家庭教育支出)占 GDP/GNP 的比重。我国公共教育支出占 GDP 的比重如表 8 - 2 所示。

表 8 - 2　我国公共教育支出情况

年　份	教育支出(亿元)	教育支出增长率(%)	交易支出占财政支出比例(%)	教育支出占 GNP 比例(%)
1991	532.39	15.12	15.72	2.46
1992	621.71	16.78	16.61	2.33
1993	754.9	21.42	16.26	2.18
1994	1 018.78	34.96	17.59	2.18
1995	1 196.65	17.46	17.54	2.08
1996	1 415.71	18.31	17.84	2.12
1997	1 545.82	9.19	16.74	2.11
1998	1 726.3	11.68	15.99	2.24
1999	1 927.32	11.64	14.61	2.39
2000	2 179.52	13.09	13.72	2.47
2001	2 636.84	20.98	13.95	2.75
2002	3 105.99	17.79	14.08	3.00
2003	3 351.32	7.90	12.03	2.87
2004	3 365.94	4.36	11.82	2.46

资料来源：根据《中国财政年鉴》各期及中华人民共和国财政部相关数据整理。

教育支出占 GDP 的比重是衡量教育投入水平的重要指标之一。我国经济学家厉以宁等人实证研究得出结论，当人均 GDP 达到 800～1 000美元时，要实现教育与经济的良性发展，公共教育支出占 GDP 比重必须达到的下限为 4.07%～4.25%，而我国目前 2%左右的比重与之差距甚远。和其他国家相比，我国的教育支出比例也处于较低水平。根据世界银行 2001 年的统计，在 1999—2000 年度，澳大利亚、加拿大、法国、日本、英国和美国等高收入国家公共教育支出占GDP的均值为4.8%，而哥伦比亚、古巴、约旦、秘鲁、泰国和突尼斯等中低收入国家公共教育支出占GDP的均值为5.6%。

教育经费短缺是我国教育发展面临的首要问题。在当前情况下，应多渠道筹措教育经费。以财政拨款为主，辅之以征收用于教育的税（费）、对义务教育阶段学生收取杂费及对非义务阶段学生收取学费、发展校办产业、支持集资办学和捐资办学以及建立教育基金等。转变政府职能，科学调整财政支出结构，在有限的财力中确保教育支出的优先增长。同时研究新的教育资金渠道，加大社会多元化投资办学力度。

值得注意的是，我国财政性教育经费的投向不是用于受教育人数众多的初中等教育，而是将相当比例用于少数受教育群体的高等教育，造成了公共教育投向领域错置和使用效率低下。世界各国公共教育投资在三级教育之间的分配比例是初等教育投资比重最大，中等教育次之，高等教育最小。据联合国教科文组织统计，1990年世界平均三级教育投资比重分别是44.6%、31.4%和17.5%，发展中国家为46%、29.6%和17.2%，最不发达国家为47.1%、28.7%和17.8%，发达国家为41.5%、36.2%和18.4%。2002年，我国小学与中学的生均教育经费之比为1∶2左右，而小学与大学的生均教育经费之比却高达1∶12以上。在经济发展的初级阶段，教育投入重点应该倾向基础教育，随着经济的发展，才逐渐加重中等及高等教育。我国是一个发展中国家，基础教育生均教育经费远低于高等教育投入，这显然与我国国情不相适应。依据本论文的实证研究，大学教育程度的人力资本对FDI技术外溢的影响并不明显，中等教育程度的人力资本对吸收外商直接投资的技术外溢效应具有明显的作用。因此，为了促进技术外溢效应在我国的实现，教育投入的重点应该是中等教育。提高中等受教育人口在总人口中的比例，提高劳动力对外资转移过来的技术的接受和应用能力。对于东部地区来说，实证研究表明高中教育程度的人力资本影响明显。为了接纳更多的高附加值的外资，东部地区的侧重点应该是提高高中及大专以上学历的人口比重。而对于中西部地区，实证研究证明初中教育程度的人力资本对技术外溢效应的作用明显，因此中西部地区的侧重点在于普遍提高人口受基础教育水平，提高初中受教育人口比重，再转向提高高中教育人口比重。

8.3.2　吸引有利于我国人力资本发展的外商直接投资

经济全球化使生产要素在各国之间流动的趋势加快，大规模的跨国直接投资导致全球性生产分工体系的形成和国际分工格局的大调整。今后，高科技、高附加值的高端制造及研发缓解转移占跨国直接投资的比例将大大提高。

外商直接投资的类型及行为将会影响东道国的教育、培训，将会影响东道国熟练劳动力的供给和需求。跨国公司到底能够在多大程度上影响东道国的人力资本，取决于东道国本身的发展。外商直接投资的类型和东道国的引资政策相关。不同类型和行业的外商投资对东道国的人力资本发展作用不同。资本密集型和技术密集型的外商直接投资对东道国的人力资本发展起了较大的促进作用。

各国为吸收更多外资采取了大量的措施和努力，如英国、瑞典、新加坡、马来西亚、爱尔兰等国家和地区纷纷建立了投资促进的专门机构（如爱尔兰的 IDA，新加坡的 EDB）来吸引处于技术密集型行业的跨国公司，在政府财政等各方面的大力支持下积极开展投资促进活动。如新西兰政府确定了以下六个行业作为吸引外商直接投资的重点领域：信息与通信技术、生物技术、电影业、特种制造、木材加工、食品饮料业。越南在制定引资政策时，鼓励外商直接投资发展高新技术产业，尤其是鼓励到高新技术开发区投资设立企业。20 世纪 70 年代中后期，新加坡进入提升投资阶段，政府坚决实施促进其工业部门升级换代的政策，大力引导跨国公司向高附加值领域的投资，政府选择制造业和服务业等特定领域作为有限发展产业，并将激励性补贴或保护措施与获取特定利益（如高技术、资本密集型、使用当地人才等业绩要求）相结合，由此吸引了众多小型智力密集型产业的跨国公司。

多数国家都运用财政激励工具吸引高新技术项目投资。如越南政府对高新技术投资项目提供如下优惠政策：外商投资高新技术产业的项目可长期享受10%的企业所得税，并从盈利之时起，享受4年免税和随后9年减半征税的优惠政策；在高新技术企业工作的越南籍员工与外籍员工在缴纳个人所得税方面享受同等纳税标准；外国投资者和越国内投资者享受统一的租地价格，投资者可以土地使用权价值及与该土地使用面积相关联的财产作抵押，依法向在越南经营的金融机构贷款，对高新技术研发和高科技人才培训的项目，可根据政府规定免缴土地使用租金；在出入境和居留方面，外籍员工及其家属可申请签发与其工作期限相等的多次入境签证，越政府依据有关法律规定为外籍员工在居留，租房购房等方面提供便利条件；高新技术项目投资者根据其他投资优惠政策法规文件的规定享受最高的优惠政策待遇。

韩国政府在保证外资企业与内资企业同样的税收减免政策的同时，对外商投资467种高新技术产业、“创造高附加值、能够对制造业等其他产业的发展提供较大帮助的111种服务业”和“外商投资地区”内和自由贸易区、关税自由区内的外资企业实行税收减免。外商符合上述条件，投资后的前7年免交法人税、所得税和红利所得税（均为国税），后3年减半；取得税、财产税、综合土地税和登录税（均为地方税）减免期限至少8年（前5年全免，后3年减半），地方政府可视具体情况在最长15年的范围内延长上述地税的减免期限。

高科技含量、高附加值的制造及研发环节将从美、日、欧等发达国家向外转移，跨国公司地区总部的设立也随之发生调整。因此，我国在制定吸引外资政策时，要注重吸引资本、技术、知识密集型产业来华，特别是微电子产业、汽车制造业、基础装备制造业等。借鉴其他国家和地区的有效的引资政策，我国可以提供政策优惠和支持，鼓励跨国公司把高技术、高增值、低消耗的高端产业和研发机构转移到中国，充分发挥外资技术的“输入”效应，形成国内高技术含量的产业聚集群，逐步走向依靠质量效益实现可持续增长。

8.3.3　鼓励跨国公司在我国开展培训活动

跨国公司的培训行为是提高东道国人力资本的一个重要方式，也是 FDI 技术转移效应实现的一个途径。跨国公司进入东道国市场之后，东道国的政策是否可以影响这些跨国公司的行为？低收入国家是否可以避免跨国公司的低技术陷阱？如何激励这些跨国公司提升技术水平？UNCTAD(2000)发现，东道国的政策的确影响跨国公司的培训行为。跨国公司实施的培训在很大程度上依赖于东道国政府的政策、当地要素市场、当地研发机构、跨国公司的类型等的融合程度。

新加坡政府建立了技能发展基金(SDB)，鼓励企业对其雇员提供培训。其主要举措有：(1) 凡聘用月薪在 750 新元或以下的企业主必须交工人薪酬 1%的税金，主要用于对所雇佣的低技术、低文化工人进行再培训。(2) 政府通过征收技能发展税，建立全国性的技能发展基金，并由新加坡生产力局(PSB)管理该项基金。生产力局根据技能发展基金的有关规定、条例对符合条件的企业、工厂提供津贴。凡是在新加坡注册成立的公司都有资格申请津贴作为训练其职工的费用。其扶持的内容主要包括三个方面：(1) 以技能训练为主的内容。主要有职工英语基础知识的补习，旨在解决不同语言背景的职工沟通。(2) 以技能训练组合为主的内容。该组合旨在为劳工在短时间和低成本的情况下获得新技能服务。(3) 以提高职工文化素质为主的内容。该导向主要为增强职工沟通能力、个人效率、解决问题能力以及自我鞭策能力等。由此可见,新加坡政府建立技能发展基金,使新加坡广大职工得到更多的提高技能水平的训练机会。对于新加坡的外资公司来说,所提供的培训促进了新加坡人力资本水平的提高。

一些发展中国家鼓励私营部门(含跨国公司)参与培训,马来西亚就是一个典型的例子。马来西亚鼓励私营部门加入国家技能培训委员会,通过税收和降低培训费用支持私营部门在技能培训中的作用,鼓励国家培训机构和私营部门通过交换培训人员,共享公共培训设施。马来西亚政府规定有意从事技术或职业训练之公司,其符合规定之资本支出则100%的享受投资税负抵减优惠,期间十年。该项抵减将由法定所得中抵扣,但每一课税年度之抵扣额,限于法定所得之70%。马来西亚的槟州技能培训中心(PSDC),于1989年成立,20世纪90年代得到扩展,由5 000平方米扩大到5万平方米。基于三方参与模式,联合政府、产业界和研究机构三方的力量共同为技能培训开发作出贡献。政府通过设立人力资源发展基金提供免费的培训支持,同时免除PSDC的所得税,产业界提供有经验的管理人员参加培训指导,研究机构提供教学人员和必要的技术支持。

我国也可以采取多种方式鼓励跨国公司的培训活动:如制定优惠政策降低跨国公司进行培训所花费的成本,为外资企业提供职业培训补贴等所需的资金,减征利润所得税或实施工资补贴计划,有条件的地区可以支持跨国公司建立新的研发中心,通过提供有效免税期鼓励跨国公司建立培训内容超过其分支机构需要的联合培训中心等。

8.3.4 最大化吸收跨国公司的培训外溢效应

跨国公司在发展中国家的培训活动会带来先进经验和技术水平,当这些先进经验和技术水平外溢到东道国企业的时候,就产生了培训的外溢效应。培训外溢效应的实现可以有以下两种渠道:联系效应和人才回流(Labor turnover)。跨国公司会对当地供应商、经销商和营销组织提供培训和技术支持,此时就会提高东道国的人力资本水平。例如,20 世纪 80 年代,GM 和几大主要的汽车生产企业在墨西哥进行投资,短短 5 年时间内,墨西哥超过 300 家本土企业成为这些跨国公司的供应商。这些大型的外国汽车企业为墨西哥本地的供应商提供质量控制培训和技术支持,培训外溢效应非常明显(UNCTAD,2000)。人才回流是指东道国员工在外资企业工作期间积累了各种相关的技能后,“跳槽”到东道国当地企业或创办自己的公司时,其在跨国公司所学的各种技术也随之外流,外溢效应便会随之发生。人才回流将促使东道国企业进一步提高人力资本水平。

要最大化吸收跨国公司的培训外溢效应,需要建立跨国公司和我国本土企业的前后向联系和人员流动机制。跨国公司与东道国企业建立产业联系后,跨国公司的培训功能就会超越自身的范围,向当地的分包商和外部供应商扩散。因此在政策制定时,应当鼓励跨国公司与我国当地企业进行最佳合作,促进国内企业逐步进入跨国公司全球生产、销售和服务网络可以加强与外资企业的交流,双方开展项目合作,加强中外资企业之间的横向联系等。此外,政府应采取措施促进人员流动。从本书广东省的案例分析来看,我国的人才回流并不明显,关键原因就是我国吸引人才回流的用人机制不够完善。有关调查表明,当地企业与跨国公司分支机构支付给员工的工资差距缩小,并且当地企业为员工提供更大的发展空间时,跨国公司分支机构受雇人员向当地企业流动速度由此而加快,对发展中国家人力资本的形成起了巨大的推动作用。例如,泰国的当地企业凭借给予更有希望的工作从跨国公司那里抢夺受训的工程技术人员已明显的成为一种普遍的现象。我国可以借鉴其他国家的经验，优化创业环境和吸引人才的制度，促进人才的回流。

8.3.5 引进海外人才，提高人力资本水平

除了吸引国内外资企业工作的人员回流到内资企业之外，还可以引进海外的人才。美国、欧洲国家都建立了吸引海外人才的激励措施。如法国在2004年开展了一项吸引世界顶级专家到各个发展部门，为他们建立起工作团队。比利时、丹麦和芬兰等国家采取特殊的税制吸引国外的专家。德国和英国则制定了更易于国外专家人才移民的特殊政策。发展中国家，以新加坡为例，国外的专家和人才容易移民到新加坡。到2003年底，在新加坡的科研机构中大概三分之一的科研人员都是非原新加坡公民。这种移民政策使得新加坡的百万人口中科研人员比率居世界第7位。新加坡政府投入了200万美元让海外专家致力于生物科学、基因学等领域的研究。

另外，海外留学人才也是人才的一个重要来源。如韩国从20世纪60年代开始就致力于吸引海外工作的韩国科学家回国就业或创业。韩国政府建立了科学与技术协会，通过建立现代化的试验室，提供高薪，赋予科研的更大自主权，吸引海外科学家回国工作。从1968年到1979年近10年时间里，一共有238名科学家回国永久性服务，另外共有255名科学家回国工作过短暂时期。这些科学家是当时的研发人才的重要组成人员。

我国海外留学人员回国创业有巨大的潜力。据国内留学效益评估专家估计，仅在美国和日本的我国留学人员就有20万以上，其中2/3已完成学业，近7万人已获得美国绿卡或在日本的长期居留权。在这些人中，约有5%为大学终身教授、重要科研项目的主持人或公司高层管理人员等“尖子”人才；10%左右为助理教授、科研骨干或中层管理人员等“优秀”人才；25%左右是已有相对稳定工作和收入的“一般性”人才；其

余 60%左右尚处在为生存而奋斗之中。

对于我国本土企业来说，可以通过提高待遇、良好的工作环境来吸引人才，尤其是那些曾经在跨国公司工作的管理人员和技术人员。从政府方面讲，可以通过财政政策和金融政策，优化创业环境，提供优惠的条件鼓励技术人员和管理人员的创业活动，吸引国外的专家，吸引留学人才回国就业或创业。人才的吸引和回流，可以大大加速跨国公司技术转移的进程。

8.4　本章小结

本章从人力资本角度提出促进 FDI 技术转移效应实现的政策建议。人力资本、外商直接投资、技术转移效应存在良性循环关系，本章所提出的政策建议也是紧紧围绕如何从人力资本角度确保这种良性循环关系的实现。本书认为人力资本的提升，不仅可以依靠本国的力量，还可以考虑外商直接投资对我国人力资本的开发效应。围绕着人力资本、FDI、技术转移效应，本书所提出的政策建议是：

1. 加大教育投入，调整分配方向和结构。教育是提升人力资本水平的基本途径。我国的教育水平和其他国家相比还有很大差距。今后要扩宽教育经费筹集渠道，加大教育投入。因为目前对 FDI 技术转移效应影响明显的是中等教育程度的人力资本，因此，中等教育应当是教育投资的重点。东部地区侧重点应该是高中及高中以上教育，中西部地区应该是在大力发展初中教育的基础上，逐渐提升接受高中教育程度的人力资本比重。

2. 吸引有利于我国人力资本发展的外商直接投资。技术密集型、资本密集型的外商直接投资对我国人力资本的发展具有较明显的推动作用。因此在政策制定时，注重吸引资本、技术、知识密集型产业来华。借鉴其他国家和地区的有效的引资政策，我国可以提供政策优惠和支持，鼓励跨国公司把高技术、高增值、低消耗的高端产业和研发机构转移到中国，充分发挥外资技术的“输入”效应。

3. 鼓励跨国公司在我国培训活动。跨国公司的培训行为是提高东道国人力资本的一个重要方式，也是 FDI 技术外溢效应实现的一个途径。我国可以采取优惠税率政策、补贴等形式鼓励跨国公司的培训活动。跨国公司的培训活动有利于提高我国人力资本水平，较高水平的人力资本又利于提高引资的质量，实现技术转移效应。

4. 最大化吸收跨国公司的培训外溢效应。培训产生的技术外溢效应可以有 2 种方式：联系效应和人才回流。因此，要最大化吸收跨国公司对我国人力资本的开发效应，需要建立跨国公司和我国本土企业的前后向联系和人员流动机制。应当鼓励跨国公司与我国当地企业进行最佳合作，同时，优化创业环境和吸引人才的制度，促进人才的回流。

5. 引进海外人才，提高人力资本水平。海外人才，尤其是在知识结构、创新能力、国际视野、对市场经济和国际规则的体验等多方面具有特殊性或优势的海外人才，具有技术、管理方面的优势，有利于我国的技术进步。政府和国内企业应当创造更好的体制和条件吸引他们来华工作或创业。

第9章 结论与展望

9.1 研究的主要结论

本书研究的是我国人力资本影响FDI技术转移效应的作用机理。

自改革开放以来，我国的经济一直处于高增长水平，其中外商直接投资(FDI，Foreign Direct Investment)发挥了很重要的作用，外资经济已成为中国经济增长极其重要的组成部分。在改革开放初期，我国吸引外资的主要目的是扩大融资渠道，增加资本要素。但是经过近二十多年的改革开放，我国经济发展取得了令人瞩目的成就，居民储蓄和外汇储备余额居高不下，我国经济发展的储蓄和外汇短缺的“双缺口”已经消失，国内市场格局发生了根本性的变化。在这种情况下，必然会产生两个疑问：内资能不能取代外资？我们为什么还要持续较大数额的利用外资？对这两个问题的思考就引发了对FDI技术转移效应的研究。在当前情况下，制约我国经济增长的不再是资本要素的短缺，而是技术创新能力的不足。引进外商直接投资，其主要的目的就是引进和利用国际技术扩散效应作为我国技术进步的动力。FDI作为及技术、资金、管理于一体的创造性资源，可在资本、技术等多个环节突破我国经济增长的低水平发展循环，是促进我国技术进步的有效选择。

在引进和利用国际技术扩散效应的问题上，最重要的问题是如何有效吸收 FDI 的技术转移效应。在国内外对跨国公司技术转移效果的测度上，近年的研究成果都显示，发达国家的 FDI 技术转移效应明显，而在发展中国家效果却不令人满意。FDI 技术转移效应的实现是个很复杂的过程，技术转移效应并不是自动产生的，这个过程受很多因素影响，跨国公司因素和东道国的吸收能力是影响技术转移效应实现的最主要的原因。以东道国的角度看，本身吸收能力不强的话，跨国公司的技术转移效应就不会对东道国的生产力起作用，即 FDI 技术转移效应存在"门槛效应"(Threshold Level)。跨国公司的技术转移受很多因素制约，如东道国的技术水平、人力资本水平、经济开放度、市场体制、金融市场效率等。其中，人力资本是个至关重要的因素。FDI 对东道国经济增长功能的作用大部分是通过人力资本的当地基础产生的(Mody and Wang，1997)。人力资本不仅可作为一国内部经济增长的引擎，也和外部经济交往比如 FDI、技术转移等之间存在良性循环关系。对于发展中国家来说，较高的人力资本使得东道国的投资环境更具有吸引力，是外资流入的诱导性因素。人力资本又是技术转移的重要渠道，同时也是吸收能力的核心因素。

本研究认为人力资本可作为突破我国吸收门槛的切入点，定位于从人力资本角度研究并探讨如何突破技术转移的吸收门槛，从而提高技术转移效应。在前人研究的基础上，本研究首先界定技术转移的概念，认为技术转移包括技术输入和技术外溢两个过程，因此研究人力资本和技术转移效应的关系，分为人力资本如何影响技术输入和人力资本如何影响技术外溢。研究以研发投入作为技术输入模型的主要变量，以人力资本和外商直接投资的联动效应考察技术外溢效应，构建了技术输入模型和技术外溢模型，以我国整体样本、区域样本、行业样本和广东省的具体案例为分析对象，本研究得出的主要结论如下：

第一，人力资本的确影响 FDI 技术转移效应的实现，人力资本对 FDI 的技术输入效应的作用比较明显。技术输入模型得出的结论是人力资本水平是跨国公司决定研发行为的诱导性因素。整体样本和区域样本的检验结果都表明，人均教育年限和教育经费投入等人力资本变量对 FDI 技术输入效应具有促进作用。高技术产业样本的统计结果也验证了，技术含量高的外商直接投资倾向于和较高层次的人力资本联合产生外溢效应。广东省的个案研究也显示，人力资本存量水平较高的样本组、人力资本投资较高的样本组，FDI 的技术转移效应为正并通过了显著性检验，人力资本可以作为提高吸收能力的切入点。

第二，从目前情况看，我国的人力资本水平影响外资的外溢效应不太明显。从整体样本、区域样本和行业样本来看，外资与人力资本的联合效应为负。可见，外商直接投资对我国内资企业的人均工业总值的外溢效应主要体现在资本的积累效应上，而不是体现在与人力资本的联合效应上。作为发展中国家，我国的人力资本不利于外商直接投资技术外溢效应的产生。从技术输入效应和技术外溢效应看，我国人力资本对技术转移的总体效应还是较明显的。

第三，从整体样本看，我国高中教育程度的人力资本有利于 FDI 技术输入效应，初中教育程度的人力资本促进 FDI 技术外溢效应。产生差异性的原因在于，技术输入模型采用研发支出作为技术转移的替代变量，研发是代表较高技术含量的创新活动，需要和较高水平的人力资本相适应。技术外溢模型的结果和我国利用外资的来源相关联。偏向于劳动密集型的港澳台企业占了很大的比重，所以是初中教育程度的人力资本更易与外商直接投资产生联合效应。

第四，从区域样本看，不同地区吸收 FDI 技术转移效应所需要的人力资本有所差异。东部地区的高中教育程度的人力资本促进了跨国公司的研发活动，初中教育程度的人力资本更容易与外资变量产生技术外溢效应。东部的结果和整体样本结果比较类似。中西部地区的统计结果则显示，在促进 FDI 技术转移过程中，所需要的人力资本要比东部地区程度低。初中教育程度的人力资本促进了 FDI 的技术输入效应，小学教育程度的人力资本促进了 FDI 的技术外溢效应。

第五，广东省的个案研究也揭示了一个问题，我国人才回流所产生的技术转移效应并不明显。虽然外资企业的人力资源流动活跃，但大多数的人员是在外资企业之间流动，极少回流到内资企业，因此人才回流产生的技术转移效应不明显。人才回流作为技术转移效应实现的有效渠道，其作用并没有很好的发挥。我国内资企业所提供的发展空间、薪酬条件在吸引人才回流到本土企业方面还有待改善。

第六，人力资本作为影响技术转移效应的至关重要的因素，本书给予了充分的计量检验。结合本书的实证结论，建议从人力资本角度调整我国宏观政策导向。不仅要依靠教育提升我国人力资本的总体水平，还可以考虑外商直接投资对我国人力资本水平的促进作用。借鉴其他国家的经验，吸收资本和技术偏向型的外商直接投资，制定相应的政策鼓励跨国公司在我国的研发活动、培训活动。通过创造更优化的条件，促进人才回流，吸引海外人才回国就业或创业。

在此，总结全文研究，基本上形成了预期达到的创新点：(1) 从我国整体情况、行业情况、地区比较、案例分析四个层次形成了人力资本影响我国 FDI 技术转移效应的作用的系统性研究。(2) 构建了技术输入模型和技术外溢模型，结合中国利用外资的情况进行分析，通过细分人力资本变量，形成了较为具体的结论。这些结论也符合我国利用外资的实际情况。(3) 从人力资本角度思考提高技术转移效应时，紧紧围绕人力资本、FDI、技术转移效应的良性循环关系，提出了具有针对性的政策建议。

9.2 研究不足与展望

人力资本如何影响 FDI 技术转移效应是一个复杂的、综合性很强的课题，涉及国际投资、国际贸易、发展经济学、产业经济学等众多领域。FDI 的技术转移本身就不存在很明确的概念，人力资本和技术转移效应的衡量也不具备统一性，这些都使得实际研究工作和课题需要之间存在差距。

在研究过程中遇到的最突出的问题就是对技术转移效应和人力资本变量的定量度量和相关数据的收集。在前人研究的基础上，力图寻找最能体现技术转移效应和人力资本的变量，而不至于使我们陷入模糊和重复的讨论中。本书提出技术转移包含技术输入和技术外溢，前者是跨国公司的母公司有意识得向东道国的分支机构或受资企业转移技术，而后者是外资进入东道国市场之后通过无意识的技术外溢而促进东道国技术和生产力水平提高的一个过程。在选择技术输入效应的衡量变量时，本研究选择的是三资企业的研发费用。技术外溢效应则考察外资存在对内资企业的生产水平的影响。在人力资本变量选取上，选取平均受教育年限、教育经费支出、受教育人口占总人数的比例、科技人员数量等作为替代变量。这些替代变量的选取带有一定的交叉性，尚未达到完美境地。虽然论文力图尝试较准确和尽量完整的方法，但是也不能很全面地涵盖技术转移和人力资本变量的度量。另一方面，在数据处理上只能借鉴现有的可取得的数据。我国针对三资企业的相关科技统计数据的收集不尽齐全，只从 1999 年开始在科技年鉴中才出现针对三资企业的科技统计，加上写作时间的紧张性，本研究所选取的统计期间只包含 1999—2002 年四年时间。因此，该论题以后的研究方向可以包含以下几点：

1. 对于技术转移效应和人力资本变量的衡量尚未达到完美的境地，还不具备通用性。在人力资本变量的选取上存在一定的交叉性，对变量之间的交叉影响还须进一步研究，方法有待改进。

2. 由于数据和写作时间的缘故，本研究选取得时间短仅包含 4 年的时间。而且在数据的选取上，沿用了何洁(2000)等人的处理方法，采用的是混合数据，但是把来自 29 个省市地区连续 4 年的数据看成是同质的，没有使用 Panel Data 的回归方法。因此采用更长年度的数据，采用 Panel Data 回归方法将是以后研究的方向。

3. 本研究集中讨论的是工业部门。在《2005 年世界投资报告》中指出，流向我国的外商直接投资在服务业部门的流量的带动下仍将增长。近年来，服务业在经济中的比重逐步上升，服务业中的外商直接投资的技术转移问题也是一个很有现实意义的课题，本书并没有涵盖此课题，因此有待改进。

本研究对人力资本如何影响 FDI 的技术转移效应的研究工作暂告一段落。虽然力图在此论题上形成较为全面的专门研究，但不可否认，鉴于自己的能力有限，所作的研究还只是初步的探讨。外商直接投资的技术转移效应对中国而言意义非常，可以预见在未来的一段较长时间仍具备很强的理论意义和实际意义。关于人力资本作为吸收能力的突破点，已经引起了政府和学术界的重视，因此人力资本对于 FDI 技术转移效应的影响仍然有很多问题可以探讨和深入研究。本人在写作和修改过程中得到了专家、教授的指点，受益匪浅。在今后的研究工作中将继续努力，同时希望从更多睿智的学者那里得到启发和指教，进一步将该论题完善和发展。

参考文献

[1] Aitken B. and Harrison A. Are There Spillovers from Foreign Direct Investment? Evidence from Panel Data for Venezuela[M]. *Mimeo*, MIT and the World Bank, 1991.

[2] Aitken B. and Harrison A. Do domestic firms benefit from direct investment? Evidence from Venezuela[J]. *American Economic Review*, 1999 (89): 605 – 618.

[3] Aitken B., Harrison A. & Lipsey R. E. Wages and foreign ownership: a comparative study of Mexico, Venezuela, and the United States[J]. *Journal of International Economics*, 1997(43): 103 – 132.

[4] Alcacer J. The Role of Human Capital in Foreign Direct Investment[J]. *Transition*, May-August, 2000.

[5] Alfaro et. al, FDI and Economic Growth: The Role of Local Markes[C]. *OECD Working Paper*, 2000.

[6] Youssef A. et. al. Human capital and FDI inflows to developing countries: new empirical evidence[j]. *World Development*, 2001(29): 1593 –1610.

[7] Marin A. and Bell M. Technology spillovers from foreign direct investment (FDI): An exploration of the active role of MNC subsidiaries in the case of Argentina in the 1990s[R]. Paper to be presented at the DRUID Summer

Conference 2003 on CREATING, SHARING AND TRANSFERRING KNOWLEDGE. The role of Geography, Institutions and Organizations. 2004.

[8] Balasubrsmanyam Y. et. al. Foreign Direct Investment and growth in EP and IS countries[J]. *Econ. J.* 1996(106): 92－105.

[9] Basant R. and Fikkert B. Impact of R&D, Foreign Technology and Technology Spillovers on Indian Industrial Productivity [C]. *Working Paper*, No. 11, INTECH. 1993.

[10] Batiz R. F. and Batiz L. A. The effects of direct foreign investment in the presence of increasing returns due to specialization [J]. *Journal of Development Economics*. 1991(34): 287－307.

[11] Bende Nabende A. and Slater J. R. *Long-Run Determinants of Private Capital Formation in Developing Countries*[M]. Processed. University of Birmingham Business School. 2000.

[12] Jess B. and Spiegel M. The roles of human capital in economic development: evidence from aggregate cross-country data [J]. *Journal of Monetary Economics*, 1994(34): 143－173.

[13] Magnus B. and Ari K. *Human and Inward FDI*[C]. EIJS Working Paper Series with number 167 of The European Institute of Japanese Studies. 2003.

[14] Magnus B. and Persson. Foreign investment and spillovers efficiency in an undeveloped economy: evidence from the Mexican manufacturing industry [J]. *World Development*. 1983(11): 493－501.

[15] Blomstrom M. and Wolff E. Multinational Corporations and Productivity Convergence in Mexico. in W. Baumol, R. Nelson and E. Wolff(eds), op. cit. 1994.

[16] Xu B. Multinational enterprises, technology diffusion, and host country productivity growth[J]. *Journal of Development Economics*. 2000(62): 477－493.

[17] Gregorio B. and Lee. How Does Foreign Direct Investment Affect Economic Growth? [C]. *NBER Working Paper*, No. 5057, 1995.

[18] Barro R. Economic growth in a cross section of countries[J]. *Quarterly Journal of Economics*, 106, 1995(2): 407 - 443.

[19] Barro R. and Lee J. W. International measures of schooling attainment: Updates and implications[J]. *Oxford Economic Papers*, 2001(53): 541 - 563.

[20] Brumley B. IT reverses brain drain[J]. *Australian IT*. October 23. 2001.

[21] Cavas R. E. Multinational firms, competition and productivity in host-country markets[J]. *Economica* 1974(41): 176 - 193.

[22] Cavas R. E. International corporations: the industrial economics of foreign investment[J]. *Economica*, 1971(38): 1 - 27.

[23] Chen E. K. Y. *Multinational Corporations, Technology and Employment* [M]. London: Macmillan, London. 1983.

[24] Cohen W. and Levinthal D. Innovation and learning: the two faces of R&D [J]. *Econ. J.* 1989(99): 569 - 596.

[25] Corden W. M. Protection and foreign investment[J]. *Economic Record*, 1967(43): 209 - 232.

[26] Minbeava D. et. al. MNC knowledge transfer, subsidiary absorptive capacity, and HRM[J]. *Journal of International Business Studies*, 2003 (34): 586 - 599.

[27] Dahlman C. and Nelson R. *Social Absorption Capability, National Innovation Systems and Economic Development. Social Capability and Long-term Growth*[M]. London: Macmillan, 1995.

[28] Willem D. Government Policies Towards Inward Foreign Direct Investment in Developing Countries: Implication for Human Capital Formation and Income Inequality. FDI, Human Capital and Education in Developing Countries, Technical Meeting, Paris 2001.

[29] Driffield N. The impact on domestic productivity of inward investment in the UK[J]. *Manchester School*, 2001(69): 103 - 119.

[30] Eaton J. and Kortum S. Trade in ideas: patenting and productivity in the OECD[J]. *Journal of International Economics*, 1996(40): 251 - 278.

[31] Findlay R. Relative backwardness, direct foreign investment and transfer of technology[J]. *Quartly Journal of Economics*, 1978(92): 1 - 16.

[32] Francesco Caselli and Wilbur John Coleman Ⅱ. Cross-Country Technology Diffusion: The Case of Computers[C]. *NBER Working Paper* No. 8130. 2001.

[33] Gerschenberg I. The training and spread of managerial know-how. A comparative analysis of multinationals and other firms in Kenya[J]. *World Development*, 1987(15): 931 - 939.

[34] Globerman S. Foreign direct investment and spillovers efficiency benefits in canadian manufacturing industries[J]. *Canadian Journal of Economics*, 1979(12): 42 - 56.

[35] Gorg H. and Strobl E. Multinational companies and productivity spillovers: a meta-analysis[J]. *The Economic Journal*, 2000(111): 723 - 739.

[36] H. and H. *Are there Positive Spillovers from Direct Foreign Investment? Evidence from Panel Data for Morocco*[M]. Mimeo, Harvard University and World Bank, September. 1993.

[37] Hamermesh D. *Labor Demand*[M]. Princeton: Princeton University Press. 1993.

[38] Engelbrecht H. J. International R&D spillovers, human capital and productivity in OECD economies: an empirical investigation[J]. *European Economic Review*, 1997(41): 1479 - 1488.

[39] Birkinshaw J. Hood N. Multinational subsidiary evolution: capability and charter change in foreign-owned subsidiary companies[J]. *The Academy of Management Review*, 1998(23): 773 - 795.

[40] Kathak. Imported technology and R&D in a newly industrializing country: the indian experience[J]. *Journal of Development Economics*, 1989(31): 123 - 139.

[41] Keller W. Absorptive capacity: on the creation and acquisition of technology in development[J]. *Journal of Development Economics*, 1996(49): 199 - 227.

[42] Miyamoto K. *Human Capital Formation and Foreign Direct Investment in Developing Countries*[C]. Technical Papers No. 211 of OECD Development Centre. 2003.

[43] Kokko A. Technology, market characteristics, and spillovers[J]. *Journal of Development Economics*, 1994(43): 279 - 293.

[44] Lee M. et. al. Education, human capital enhancement and economic development: comparison between Korea and Taiwan[J]. *Economics of Education Review*, 1994(13): 275 - 288.

[45] Lipsey R. Home and host country effects of FDI, in: R. E. Baldwin and L. A. Winters, (eds.) *Challenges to Globalization*. (Chicago: University of Chicago Press), 2004: 333 - 382.

[46] Liu X. et al. Productivity spillovers from foreign direct investment: evidence from UK industry level panel data[J]. *Journal of International Business Studies*, 2000(31): 407 - 425.

[47] Lucas R. B. Why doesn't capital flow from rich to poor countries[J]. *American Economic Review*, 1990(80): 92 - 96.

[48] MacDougall. The benefits and costs of private investment from abroad: a theoretical approach[J]. *Economic Record*, 1960(36): 13 - 35.

[49] Mankiw R. A contribution to the empirics of economic growth[C]. *Quarterly Journal of Economics*, 1992(107): 407 - 437.

[50] Slaughter M. J. *Does Inward Foreign Investment Contribute to Skill Upgrading in Developing Countries?*[C]. Dartmouth College and NBER,

June 2002.

[51] Ashota M. and Wang F. Y. Explaining Industrial growth in coastal China: Economics refprms ... and what else? [J]. *World Bank Economics Review*, 1997(11): 293 - 270.

[52] Nadiri M. I. *US Direct Investment and the Production Structure of the Manufacturing Sector in France, Germany, Japan, and the UK* [C]. Mimeo, New York University and NBER, December 1991.

[53] Narula R. Understanding absorptive capacities in an "innovation systems" context: consequences for economic and employment growth[J]. *MERIT-Infononmics Research Memorandum Series*, 2004: 2004 - 003.

[54] Narula R. and Dunning R. Industrial development, globalisation and multinational enterprises: new realities for developing countries[J]. *Oxford Development Studies*, 2000(28):141 - 167.

[55] Narula R. and Marin A. FDI spillovers, absorptive capacities and human capital development: evidence from Argentina [J]. *MERIT Research Memorandum series*, 2003: 2003 - 16.

[56] Nelson R. R. & Phelps E. S. Investment in humans, technology diffusion, and economic growth[J]. *American Economic Review*, 1996(56): 69 - 75.

[57] Driffield N. et. al. Does the Motivation for Foreign Direct Investment Affect Productivity Spillovers to the Domestic Sector? [DB/OL]. http://research.abs.aston.ac.uk/working_papers/0202.pdf, 2002.

[58] Noorbakhsh F. et al. Human capital and FDI inflows to developing countries: new empirical evidence[J]. *World Development*, 2001(29): 1593 -1610.

[59] Pack H. *Exports and Externalities: The Sources of Taiwanese Growth* [C]. Mimeo. 1993.

[60] Rebelo S. Long-run policy analysis and long-run growth[J]. *Journal of Political Economy*, 1991(99): 500 - 521.

[61] Romer P. M. *Human Capital and Growth: Theory and Evidence*[C]. NBER Working Paper No. 3173. 1989.

[62] Romer P. M. Idea gaps and object gaps in economic development[J]. *Journal of Monetary Economics*, 1993(32): 543-573.

[63] Tallman E. W. and Wang P. Human capital and endogenous growth: evidence from Taiwan[J]. *Journal of Monetary Economics*, 1994(34): 101-124.

[64] UNCTAD. World Investment Report 1999: Foreign Direct Investment and the Challenge of Development. United Nations, New York and Geneva. 1999.

[65] UNCTAD. World Investment Report 2005. United Nations, 2005.

[66] Enderwick, P. and John H. (ed.), Transnational Corporations and Human Resources[M]. Taylor & Francis, 1994.

[67] 陈飞翔. 开放利益论[M]. 上海：复旦大学出版社，1999.

[68] 陈飞翔，蔡茂森. 开放利益论[M]. 上海：同济大学出版社，2002.

[69] 江小涓. 中国的外资经济——对增长、结构升级和竞争力的贡献[M]. 北京：中国人民大学出版社，2002.

[70] 海非兹，默赞. 跨国公司和新加坡经济增长[M]. 伦敦：伦敦克鲁姆·海尔姆出版社，1986.

[71] 周天勇. 劳动与经济增长[M]. 上海：上海人民出版社，1995.

[72] 杨先明. 发展阶段与国际直接投资[M]. 北京：商务印书馆，2000.

[73] 杨先明，等. 国际直接投资、技术转移与中国技术发展[M]. 北京：科学出版社，2004.

[74] 赵果庆. 中国西部国际直接投资吸收能力研究[M]. 北京：中国社会科学出版社，2004.

[75] 曹晓冬. 人力资本要素贡献的评估及实现机制研究[J]. 上海经济研究，2002(10): 39-44.

[76] 陈飞翔. 外商直接投资与我国产业结构转换[J]. 上海经济研究，1999(6):

27－30.

[77] 陈飞翔，郭英. Human Capital and Technology Spillovers from FDI in China，第二届Globelics国际会议文集[M]. 北京：清华大学出版社，2004.

[78] 陈飞翔，郭英. 人力资本与FDI技术外溢关系的文献综述[J]. 财贸研究，2005(1)：17－23.

[79] 陈飞翔，郭英. 人力资本和外商直接投资的关系研究[J]. 人口与经济，2005(2)：34－37.

[80] 陈飞翔，郭英. 人力资本与三资企业的R&D：以东部地区为例[C]. 上海：上海社科界2005年会论文，2005.

[81] 陈飞翔，王溪若，郭英. 经济增长、外商直接投资与政府选择[J]. 财贸经济，2004(9)：29－34.

[82] 陈涛涛，等. 对影响我国外商直接投资行业内溢出效应的因素的经验研究[J]. 金融研究，2003(5)：117－126.

[83] 陈延林. 外商直接投资对广东产业结构和技术进步的影响分析[J]. 华南师范大学学报，2004(1)：44－48.

[84] "促进跨国公司对华投资政策"课题组. 高新技术产业利用外资的意义、现状与政策建议[J]. 中国工业经济，2001(2)：55－63.

[85] 杜兰英，周静. 论跨国公司在发展中东道国的技术溢出效应[J]. 国际贸易问题，2002(7)：53－57.

[86] 董书礼. 跨国公司在华设立研发机构与我国产业技术进步[J]. 中国科技论坛，2004(2)：62－66.

[87] 范纯增. 跨国公司的中国研发攻略[J]. 科技管理研究，2004，24(1)：153－155.

[88] 范保群，等. 国内外技术转移研究的现状与前瞻[J]. 科学管理研究，1996(1)：1－6.

[89] 范小虎，等. 技术转移及其相关概念的含义辨析[J]. 科技管理研究，2000(6)：44－46.

[90] 范方志，等. 对外直接投资、外部经济与高新技术产业集群[J]. 财贸研究，

2004,15(1):54－57.

[91] 郭英.港澳台企业和其他企业技术外溢的比较研究[J].学习论坛,2005,21(2):40－42.

[92] 郭英,陈飞翔.外商直接投资与发展中国家的人力资本发展[J].国际经贸探索,2005,21(4):77－80.

[93] 郭英.外商直接投资技术外溢效应的影响因素[J].金融教学与研究,2005(1):15－17.

[94] 何洁.外国直接投资对中国工业部门外以效应的进一步精确量化[J].世界经济,2000(12):29－36.

[95] 黄智聰,等.外资企业在中国大陆生产效率之比较——以工业部门为例[J].远景基金会季刊,2003(1).

[96] 江小涓."十五"期间外商对华投资趋势分析[J].财贸经济,2001(1):62－70.

[97] 江小涓."引进来"——跨国公司的投资及其对我国经济发展的影响[J].求是,2002(10):46－48.

[98] 江小涓.中国的外资经济对增长、结构升级和竞争力的贡献[J].中国社会科学,2002(6):4－14.

[99] 江小涓,李蕊.FDI对中国工业增长和技术进步的贡献[J].中国工业经济,2002(7):5－16..

[100] 江小涓.利用外资与经济增长方式的转变[J].管理世界,1999(2):7－15.

[101] 江小涓.吸收外资对中国产业技术进步和研发能力提升的影响[J].国际经济评论,2004(3):13－18.

[102] 江小涓.跨国公司在华投资企业的研发行为[J].科技导报,2000,18(9):27－31.

[103] 李平.技术扩散中的溢出效应分析[J].南开学报(哲学社会科学版),1999(2):29－34.

[104] 李平.理论模型中的溢出效应[J].南开经济研究,1995(4):61－64.

[105] 李建民.人力资本与经济持续增长[J].南开经济研究,1999(4):1－6.

[106] 李军.广东外商直接投资面面观[J].国际经济合作,1999(10):41－43.

[107] 李敏，袁静. 在华跨国公司高层经理当地化战略选择因素分析[J]. 学术研究，2005(1)：78-83.

[108] 李雪. 外商直接投资的产业结构效应[J]. 经济与管理研究，2005(1)：15-18.

[109] 骆勤. 我国教育支出的财政分析和对策选择[J]. 财经论丛，2004(5)：36-40.

[110] 梁彤缨，黄建欢. 外商直接投资对广东经济影响研究[J]. 南方经济，2000(2)：74-77.

[111] 刘崇明，李燕华. 基于人力资本理论的培训投资经济分析[J]. 华北电力大学学报，2000(3)：36-37.

[112] 刘海英，等. 人力资本"均化"与中国经济增长质量关系研究[J]. 管理世界，2004(11)：15-21.

[113] 刘广明，施国庆. 引入国外风险投资发展我国高新技术产业探讨[J]. 河海大学学报，2001(3)：17-21.

[114] 鲁玲. 我国利用外商直接投资的趋势分析[J]. 西安文理学院学报，2004，19(1)：94-96.

[115] 马衍军. 人力资本与外国直接投资的逻辑与互动研究[J]. 财经问题研究，2005(1)：82-86.

[116] 孟亮，等. 国外FDI技术溢出效应实证研究[J]. 外国经济与管理，2004，26(6)：36-40.

[117] 赖明勇，包群. 关于技术外溢于吸收能力的研究综述[J]. 经济学动态，2003(8)：75-79.

[118] 赖明勇，包群. 外商直接投资技术外溢效应的实证研究[J]. 湖南大学学报，2003，30(4)：94-98.

[119] 赖明勇，等. 我国外商直接投资吸收能力研究[J]. 南开经济研究，2002(3)：45-50.

[120] 潘文卿. 外商直接投资对中国工业部门的外溢效应：基于面板数据的分析[J]. 世界经济，2003(6)：3-7.

[121] 彭纪生，刘春林. 跨国公司对我国技术转移的冷思考[J]. 研究与发展管理，2003(12)，15(6)：79－84.

[122] 秦晓钟，胡志宝. 外商对华直接投资技术外溢效应的实证分析[J]. 江苏经济探讨，1998(4)：47－48.

[123] 钱雪亚，等. 度量人力资本水平的三类统计方法[J]. 统计与决策，2003(10)：9－10.

[124] 桑秀国. 外商直接投资与中国经济增长[D]. 天津大学，2003.

[125] 沈利生. 人力资源开发与经济增长关系的定量研究[J]. 数量经济技术经济研究，1997(12)：9－13.

[126] 沈坤荣，耿强. 外国直接投资、技术外溢与内生经济增长[J]. 中国社会科学，2001(5)：82－93.

[127] 沈坤荣，田源. 人力资本与外商直接投资的区位选择[J]. 管理世界，2002(11)：26－31.

[128] 沈坤荣. 人力资本积累与经济持续增长[J]. 生产力研究，1997(2)：1－6.

[129] 盛乐. 人力资本投资与经济增长关系的实证研究[J]. 经济问题探索，2000(6)：25－27.

[130] 孙本芝，赵世伟. 跨国公司技术溢出效应分析及我国的对策[J]. 经济问题探索，2004(1)：62－65.

[131] 武剑. 外商直接投资的区域分布及其经济增长效应[J]. 经济研究，2002(4)：27－35.

[132] 伍德里奇. 计量经济学导论——现代观点[M]. 北京：中国人民出版社，2003.

[133] 吴涌超. 外商直接投资与中国经济增长的实证分析[J]. 财经理论与实践，2004，25(3)：119－122.

[134] 夏再兴. 对我国高等教育“过渡”问题的分析[J]. 高等教育研究，2003(6)：34－37.

[135] 谢建国. 外商直接投资与中国的出口竞争力[J]. 世界经济研究，2003(7)：34－39.

[136] 许晖.跨国公司技术创新全球化探析[J].科学管理研究,2002,20(6):17-20.
[137] 杨丹辉.跨国公司对华技术转移的现状及动向[J].中国经贸导刊,2005(3):19-21.
[138] 袁志刚,韩贤旺.经济增长方式:人力资本和知识[J].上海经济研究,1997(2):4-11.
[139] 俞毅.跨国公司对外直接投资的区位理论及其在我国的实症[J].国际经济合作,2004(9):14-17.
[140] 王强.对人力资本所有权及培训问题的探讨[J].生产力研究,2003(3):39-41.
[141] 王海英.国际直接投资变化趋势及对我国引资的思考[J].世界地理研究,2003,12(1):16-22.
[142] 王建刚,于英川.我国高新技术产业竞争力比较研究[J].工业技术经济,2004,23(1):92-95.
[143] 王洛林,江小涓,卢圣亮.大型跨国公司投资对中国产业结构、技术进步和经济国际化的影响(上)[J].中国工业经济,2000(4):5-187.
[144] 王洛林,江小涓,卢圣亮.大型跨国公司投资对中国产业结构、技术进步和经济国际化的影响(下)[J].中国工业经济,2000(5):5-10.
[145] 王子先,冯蕾.外商直接投资与中国出口竞争力[J].南开经济研究,2004(4):52-57.
[146] 伍长南.我国利用外资与产业结构调整实证研究[J].亚太经济,2001(1):52-56.
[147] 张诚,等.跨国公司的技术溢出效应及其制约因素[J].南开经济研究,2001(3):3-5.
[148] 张诚,吕世生.跨国公司在华技术策略及其影响[J].国际经济合作,2003(9):60-63.
[149] 张婧.跨国公司在华设立研发机构:动因、影响及对策[J].科技与管理,2004,6(1):1-3.

[150] 赵江林.引资与人力资源开发：对中国经验的总结[J].经济研究，2004(2)：47－54.

[151] 赵晋平.我国吸收外资的产业政策研究[J].管理世界，2002(9)：47－52.

[152] 赵曦.人力资本理论与反贫困问题研究[J].改革战略，1997(4)：9－13.

[153] 赵曙明，陈天渔.经济增长方式转型与人力资本投资[J].江苏社会科学，1998(1)：43－48.

[154] 周立群，祝茂.跨国公司研发中心向中国转移的特点及影响[J].学术探索，2004(4)：70－74.

[155] 周渊.加入WTO之后我国吸引外商直接投资趋势研究[J].渝州大学学报，2002，19(5)：39－42.

[156] 郑京淑.跨国公司海外研发机构的区位研究[J].世界地理研究，2000(1)：10－16.

[157] 郑月明，曾丹.中国区域经济增长与FDI的区域差异分析[J].经济问题，2004(12)：23－25.

后 记

“不是因为有些事情难以做到，我们才会失去信心；而是因为我们失去了自信，这些事情才显得难以做到。”这句话一直提醒我不管碰到什么困难，一定不要失去坚强和自信。回想起这二十几年的求学生涯，经历了人生中的一些变故，体验了生活中的酸甜苦辣，不断地从生活中汲取经验和感悟，今天终于能够勇敢地向关怀爱护我的父母、亲人、导师、朋友交上一份满意的答卷。

2001 年我从南开大学保送到同济大学经济与管理学院攻读研究生，2003 年又获得了硕博连读的机会，在两个知名学府完成了我的学业深造。在经历北方的大气和南方的细腻过程中，感谢南开大学和同济大学诸位老师对我的栽培，感谢所有曾经给予我鼓励和帮助的人，也感谢让我人生遭遇挫折的人，是他们让我不断地成熟和坚强。

感谢三年博士期间培养我的导师——陈飞翔教授。陈老师渊博的知识、严谨的治学和高尚的人格深深启发了我，在他精心的教导下，我才取得了今天的成绩。博士阶段，我所走的每一步，都蕴含着他的心血。在此向他致以最崇高的敬意，由衷地说一声“谢谢您”。

其次，要感谢我的硕士导师——叶耀明教授。在这几年的时光中，叶老师如同慈母一样给予我真诚的帮助，对我关爱有加，以自己的人生阅历教会我很多东西。一直以来，她以自己的坚持不懈的科研精神和崇高的人格深深影响着我，让我终生受用。

感谢我的父母和家人。一直以来，他们以我为骄傲，是我最坚强的后盾。感谢我的好友付月、何香、崔莹、王敏、高玲、赵小强等对我的支持和鼓励。感谢师姐李奕滨、张黎和师兄杨朝峰、李明对我的帮助和教诲。再次感谢在我的生命中给予我帮助和鼓励的所有人。

这是我 2005 年的博士毕业论文。现在看来，其中的一些数据难免陈旧。经过犹豫，最终我还是选择了将本书（未经修改）提交出版社出版，主要考虑到博士研究生的学习是一个过程，并不是一项研究的终点，让读者（包括博士生）直接阅读到原貌的博士论文，不能不说是对他们的鼓励。

雄关漫道真如铁，而今迈步从头越。一个阶段的终点即是下一个阶段的起点。愿一切顺利！

郭 英